Ilija Trojanow

NACH DER FLUCHT

S. FISCHER

MIX
Papier aus verantwortungsvollen Quellen
FSC® C083411
www.fsc.org

Erschienen bei S. FISCHER

Satz: Dörlemann Satz, Lemförde
Druck und Bindung: CPI books GmbH, Leck
Printed in Germany
ISBN 978-3-10-397296-2

Meinen Eltern,
die mich mit der Flucht beschenkten

Notiz

Dieser Text wurde inspiriert durch den Zyklus
»The Migration Series«
des Künstlers Jacob Lawrence.

Vorab

Der Flüchtling ist meist Objekt.

Ein Problem, das gelöst werden muss. Eine Zahl. Ein Kostenpunkt. Ein Punkt. Nie ein Komma. Weil er nicht mehr wegzudenken ist, muss er Ding bleiben.

Es gibt ein Leben nach der Flucht. Doch die Flucht wirkt fort, ein Leben lang. Unabhängig von den jeweiligen individuellen Prägungen, von Schuld, Bewusstsein, Absicht, Sehnsucht.

Der Geflüchtete ist eine eigene Kategorie Mensch.

Erster Teil
(Von den Verstörungen)

I.

Die Flucht rechtfertigt sich selbst, das Leben danach stellt immer wieder neue Fragen.

II.

Nichts an der Flucht ist flüchtig. Sie stülpt sich über das Leben und gibt es nie wieder frei.

III.

Stets wird der Geflüchtete vorgestellt als einer, der einst von woanders kam. Der spät in einer Winternacht in den Gasthof trat. Der nicht eingeladen war. Ein Mündel, dem ein Teller Suppe vorgesetzt wurde, weil es sich so ziemt. Egal, wie viele Jahre seit seiner Flucht vergangen sind, die Einheimischen kennzeichnen ihn als jemanden, der etwas Essentielles nicht mit ihnen teilt. Selbst die kürzeste

Biographie hat Platz für seine Bindestrich-Identität. Ob es daran liegt, fragt er sich, dass er immer noch in seiner Muttersprache zählt?

IV.

Im Auffanglager erhalten achtzig Minderjährige in einem Raum Wortsamen. Ein »A« wird ihnen hingeworfen. Seid dankbar, denn dies ist *der edelste, ursprünglichste aller laute, aus brust und kehle voll erschallend, den das kind zuerst und am leichtesten hervor bringen lernt.*

V.

Einschulung. Er kann einige Wortbrocken, seine Mutter kann einige Wortbrocken. Gemeinsam stehen sie am ersten Schultag vor der Tür der Rektorin. Sie haben sich verspätet. *Klasse 1b*, sagt die Rektorin, *im zweiten Stock*. Sie deutet nach oben. Eine breite Treppe. Als sie in den Gang biegen, wird eine Tür zugeschlagen. Die Mutter klopft an die Tür. *Herein!* Ein Raum voller Kinder in seinem Alter. Er beginnt sich zu schämen. Die Rede seiner Mutter ein Radebrech. Er kann es nicht besser.

Nein, nein, nein, wehrt die Lehrerin mit beiden Händen ab, *ich habe schon vier Türken in meiner Klasse*. Und scheucht Mutter und Sohn davon. Die Treppe hat beim Hinabsteigen mehr Stufen. Er weiß, was passieren wird. Sie werden wieder zur Rektorin gehen müssen. Er schämt sich noch mehr. Die Rektorin erhebt sich. Sie marschiert durch den Gang, die Treppe hinauf, den oberen Gang entlang, zur Klassenzimmertür. Sie reißt die Tür auf und spricht ein kurzes Wort. Er setzt sich in die letzte Reihe. Weil er wenig versteht, schaut er sich verstohlen um. Wer wohl die vier türkischen Kinder sind?

VI.

Als er ein Wort so ausspricht, dass es lustig klingt, ziehen die anderen Schüler Grimassen. Die Wörter sind in ihrem Mund Murmeln, denkt er. Nachträglich kommt es ihm vor, als habe er an diesem Tag beschlossen, die fremde Sprache so zu lernen, dass er sich nie wieder schämen muss. Er ahnt noch nicht, was seine Eltern von Anfang an wissen: Sprache ist Ermächtigung. Wer das Alphabet beherrscht, kann sich selbst verteidigen.

VII.

How can you allow a foreigner to be better than you? Diesen Vorwurf richtet der Lehrer aus England an das Gros der Klasse, an Kinder unterschiedlichster Herkunft. *Fremd* ist in diesem Klassenzimmer jener, der die Sprache erst vor kurzem gelernt hat. Die allererste Frage, die im Internat an ihn gerichtet wurde, verstand er nicht. Die Mitschüler lachten. Er wusste nicht, wie er fragen sollte: Worüber lacht ihr?

VIII.

Liegt es daran, dass der Fremde, wie allseits bekannt, jemand ist, der nicht von hier stammt?

IX.

Stamm, der; -[e]s,/: eine Metapher, meist doppelt falsch. 1. Bäume bewegen sich nicht, ihre vegetative Migration heißt Pollenflug. Wer immerzu von Wurzeln spricht, identifiziert sich zu sehr mit Eichen und Eschen. Wenn ein Mensch andersstämmig ist, soll das bedeuten, dass nur seine Blätter ausdeutschen? 2. Der Stamm als Geschlecht.

Eine Einheit größer als Familie, Sippe, Clan. Eine Vergangenheit, der er entronnen ist (und sei es als unschuldiges Kind). Ihm eingeritzt als Tätowierung, der er in neuer Sprache nachspürt.

X.

Man hört ja gar nicht, dass Sie nicht von hier sind. Auch unschuldige Fragen können zersetzen. *Sie haben ja gar keinen Akzent.* Das klingt wie: *Sie verheimlichen uns etwas, Sie machen uns etwas vor!* Ein Afrikaner in Wien beherrschte die wichtigsten Sprachen der Zeit, das Wissen seiner aufklärerischen Epoche. Lehrte Fürstensöhne. Verkehrte in ein und derselben Freimaurerloge mit den namhaftesten Komponisten. Trug die vornehmste Kleidung. Heiratete eine Einheimische. Wurde nach seinem Tod gehäutet und ausstaffiert. Denn in ihm wogte und wallte nicht Wiener Blut im Drei-Viertel-Takt. Wer mein Blut hat, sagt der Volksmund, ist mein Erbe. Es ist nicht vorgesehen, dass die Fremden von uns nicht mehr zu unterscheiden sind. *Wie haben Sie denn so gut Deutsch gelernt?* Auf manche Fragen kann es keine Antwort geben.

XI.

Der Geflüchtete muss nicht über alle Maßen fremdeln, um seiner selbst verlustig zu gehen. Er muss sich nicht verlaufen, um sich zu verirren. Auch wenn es ihm gelingt, seinen Status legitimieren, sein Diplom anerkennen, seinen Führerschein umschreiben zu lassen, unausweichlich häutet er sich. Ob unterwegs mit einer Brieftasche voll neuer Ausweise (und einiger knuspriger Geldscheine) oder sans papiers, *die verlassene haut immer / die verwaiste haut danach & nicht zu übersetzen / die adoptierte tätowierung & / die sich auflösende grammatik der sinne.* Während er sich eingliedert, ergo in Reih und Glied steht, bemüht, nicht aufzufallen, krampfhaft konzentriert, nicht aus der Reihe zu tanzen, sehnt er sich nach Ankunft, der Utopie aller Geflüchteten.

XII.

Über seinen Namen wird er auffällig. Weil andere ihn über seinen Namen zu begreifen meinen. In fernen Ländern schneidet manch ein Geflüchteter dem eigenen Namen einige Konsonanten ab. Ankommen setzt voraus, für die einfache Aussprache des eigenen Namens zu sorgen. Oder sich mit einer anderen Aussprache abzufinden. Sich daran zu gewöhnen. Um seinen Namen nicht gänzlich zu verlieren. Bis eines Tages die ursprüngliche Aussprache ungewohnt auf ihn wirkt. Fast falsch. Nicht jeder nimmt es ihm ab, wenn er behauptet: Die Aussprache ist mir egal. Manche sprechen den Namen richtig aus, aber es ist ein anderer Name. Selten wird er gefragt: Was bedeutet dein Name? Oder: Wieso wurdest du so genannt? Das würde ein Gespräch eröffnen. Stattdessen freundliches Schweigen nach dem ersten Willkommensgruß.

XIII.

In einer Hauptstadt des Westens: Ein Mann mittleren Alters, der die besten Jahre seines Lebens in den Gefängnissen einer Diktatur verbracht hatte, der nach seiner Freilassung aus der Haft über die Grenze geflohen war. Es gab keinerlei Zweifel an seinem Asylbegehren. In einem hochmodernen Großraumbüro eines weltweit agierenden Konzerns fragen ihn die höflichen, zuvorkommenden Kollegen eines Tages während der Kaffeepause nach seinen Erfahrungen in der Haft. Er schildert Folter, er schildert Hunger, er schildert Angst. *Ach so*, sagen sie, und fragen nie wieder nach.

XIV.

Jeder Geflüchtete kommt auf seine Weise an. Manche am Morgen nach der Flucht, andere in jenem Augenblick, da ihnen die Einbürgerungsurkunde überreicht wird. Manche immer wieder, andere nie. Bei seiner Mutter geschieht es an jenem Tag, an dem sie wieder Gastgeberin sein darf. An dem Abend, am dem sie zum ersten Mal im Neuland jemanden empfangen und bewirten kann. Nicht andere Geflüchtete, die Geschichten tauschen wie Zigaretten, sondern Einheimische, die sie ohne Absicht und frei von Zweck kennengelernt hat. Sie hat sich überwinden müssen, sie einzuladen, sie kratzt das Geld zusammen für ein Mahl, das den bescheidensten eigenen Ansprüchen genügt. Sie stürzt sich in die Gelegenheit. Sie ist gänzlich anwesend. Sie vergisst für einige glückliche Momente die grammatikalischen Fehler, die ihr beim mühsamen Scherzen unterlaufen. Strahlend tischt sie ihre Ankunft auf.

XV.

Die Frage: *Wo kommst du her?* wird erst dann unverdächtig sein, wenn ähnlich oft gefragt wird: *Wo gehst du hin?*

XVI.

Ach, Sie sind Rumäne (Äthiopier, Perser, Albaner, Vietnamese, Ungar, Pakistaner, Malier, Afghane, Marokkaner). Da war ich mal. Im Urlaub. Das ist schon einige Jährchen her. Am Schwarzen Meer (am Roten Meer, in der Steinwüste). Schön ist es bei Ihnen, hat mir gut gefallen, richtig gut, die Trauben (Feigen, Tomaten, Orangen), lecker, was waren das für Trauben, gibt's bei uns nicht mehr, so saftig, und der Schnaps, ich sag Ihnen, so einen Schnaps habe ich nie wieder … Es fühlt sich fast unanständig an, diese Menschen zu unterbrechen: Aus diesem Land bin ich geflohen.

XVII.

Von woanders zu sein sagt wenig aus, von hier zu sein genauso wenig.

XVIII.

Wenn der Geflüchtete mit Menschen spricht, die mangels passender Gelegenheit noch nicht dorthin gereist sind, wohin sie reisen könnten, daher nicht ausschließen wollen, dass sie eines Tages ... *möchte ich unbedingt mal hin. Soll schön sein bei Ihnen, hab ich gehört. Nette Leute, hab ich mir sagen lassen. Richtig freundlich. Was soll ich mir denn anschauen, Ihrer Meinung nach? Ich meine, Tipps von einem Einheimischen, das ist einfach nicht zu toppen. Darauf verlasse ich mich am liebsten, da kannst du jeden Reiseführer wegschmeißen.*

XIX.

Dramolett

Ein Beamter, erfahren

Ein Flüchtling, auch erfahren

BEAMTER: Bist du Jude?

FLÜCHTLING: Nein.

BEAMTER: Bist du Moslem?

FLÜCHTLING: Nein.

BEAMTER: Bist du Armenier?

FLÜCHTLING: Nein.

BEAMTER: Bist du Libanese?
FLÜCHTLING: Nein.
BEAMTER: Was bist du?
FLÜCHTLING: Kompliziert.

XX.

Täglich kehrt der Geflüchtete ins Anderssein ein. In sein Alltagsasyl. Bis aus der Einkehr eine Heimkehr wird. Ins Sonderliche. Die Irrungen und Wirrungen eines Menschen, der sich aussondert, selbst wenn er von niemandem ausgeschlossen wird, weil er eine unbändige Sehnsucht empfindet, einer unter vielen zu sein. Nicht aufzufallen wie *ein wunder Daumen*. Nichts ist so schwer zu begreifen und so schwer zu erklären wie das Gefühl des Fremdseins.

XXI.

Kopfunter hängt er vom letzten Baum. Bald wird er ertrinken. Es regnet unentwegt, das Wasser steigt. Er kann nur noch Nässe riechen. Er ist die einzige Frucht eines kahlen Baumes. Alles ist Regen. Alles ist Wasser. Bald wird er untergehen. Kopfunter.

XXII.

Die Gewalt eines Augenblicks gebiert endlose Trauer. Der einzige Ast, der über den Fluss ragt, trägt blutende Früchte.

XXIII.

Gelegentlich begegnet der Flüchtling Menschen, die Angst vor ihm haben. Er würde sie gern berühren, ihren Arm ergreifen oder seine Hand auf ihre Schulter legen, und ihnen zuflüstern: Aber ich bin doch derjenige, der Angst hat. Ich bin vor einer Angst geflohen, der man nicht entkommen kann. Ich bin derjenige, der alles verloren hat. Ich bin allem schutzlos ausgeliefert. Nicht einmal euer Vermögen ist so sehr gefährdet wie mein Leben.

XXIV.

Wurzeln zu schlagen ist nicht immer ein probates Mittel gegen Einsamkeit.

XXV.

Jede Flucht wird konspirativ geplant. Daheim den Vertrauten alles verschwiegen, unterwegs den zufälligen Gefährten alles anvertraut. Auf der Flucht Gruppen gebildet, Bündnisse geformt, Informationen und Grundnahrungsmittel getauscht. Von Schwalben begleitet. Später setzt die Einsamkeit ein. Auf der Flucht eine Gemeinschaft, nach der Flucht ein Individuum. Jeder auf andere Weise auf sich allein gestellt.

XXVI.

Die einen betrachten es als Einkerkerung, die anderen als Befreiung. Und einer denkt: Ich bin in ein Gefängnis entlassen worden. Das Leben nach der Flucht ist für manche wie Schrumpfen, wie Verschwinden. *In dieser Fremde sterbe ich, und du merkst es nicht …* Ein Ausharren im Wartesaal der Wiedergeburt.

XXVII.

Für die Sprache des Geflüchteten gibt es keine Notation. Wie soll man einen Eintopf der Alphabete niederschreiben? Seine Sprache besteht aus vielen Sprachen, von denen keine die eigene ist.

XXVIII.

Irgendwann, wenn er sich hineingehört hat, wenn sich seine Zunge gedehnt und sein Geist gekrümmt hat, wenn er nicht mehr aus seiner eingefleischten Sprache in die Phantomsprache übersetzt, sondern den Kaffee bestellt, ohne nachzudenken, wie eine Tasse Kaffee korrekt bestellt wird, irgendwann, wenn er den Unterschied zwischen *heiß*, *heißen* und *Verheißung* verstanden hat, gilt der Geflüchtete als Sprachwechsler. Das gemahnt an Geldwechsler, unausgesprochen der Argwohn, dieser Mensch habe einen schlechten Kurs erwischt, den Reichtum seiner mütterlichen Sprachwährung eingetauscht gegen eine schwächer notierte Fremdwährung (oder umgekehrt), und zudem teuer Kommission bezahlt. Aber was hat er gewechselt? Die Schuhe, die Kleidung, die Adresse, die Haarfarbe, vielleicht sogar den Musikgeschmack?

Nicht aber die Sprache. Man kann die Sprache nicht wechseln, man kann sie bestenfalls adoptieren.

XXIX.

Manchmal beschleicht ihn das Gefühl, seine Kindheit sei in der Muttersprache eingeschlossen und er müsse aus der Kindheit in eine Fremdsprache übersetzen. Ohne Wörterbuch. Er betrachtet sich selbst, auf einer Schaukel unter einer Glocke, es schneit und auf seinen Händen schmelzen die Flocken. In einer anderen Sprache nacherzählt, kommt es ihm vor, als sei sie nicht mehr seine Kindheit. Sondern ein Mummenschanz mit lauter stummen Ahnen.

XXX.

An anderen Tagen fühlt es sich an, als bekämpften sich die Sprachen in seinem Kopf, weil sie nicht zugleich und gleichberechtigt nebeneinander spazieren können. Sie fahren die Ellbogen aus, drängeln sich vor, schwatzen ihm eine Redewendung auf wie mitleidige Marketender überlebensnotwendigen Proviant. Versuchen mit ihren massigen Körpern die andere Sprache in den Schatten zu stellen. Wenn er ihnen doch nur zusichern könnte, dass sie alle gleichzeitig aus ihm heraus sprechen dürfen. Doch das kann er nicht: Die Beherrschung einer Sprache bedeutet die Vernachlässigung einer anderen. Stets ist eine seiner Sprachen ein Schatten ihrer selbst.

XXXI.

An schwülen Tagen ist die Muttersprache eine Fischgräte und die Neusprache ein Stück Brot, an dem er kaut, beharrlich, ohne dass die Gräte sich löst. Bei Föhn verliebt er sich in die fernen Worte.

XXXII.

In welcher Sprache träumst du?, wird er oft gefragt. Als sei dies des Pudels Kern. Er weiß es nicht. *In welcher Sprache alpträumst du?* Er kann es nicht sagen. Nicht einmal, ob er in Farbe oder schwarzweiß träumt. Wenn er wüsste, in welcher Sprache er einen Orgasmus erlebt, könnte er solche Fragen souverän beantworten.

XXXIII.

Dramolett

Mahmud Darwisch, Dichter

Edward Said, Gelehrter

SAID: Ich bin von dort.

DARWISCH: Ich bin von hier.

SAID: Eigentlich bin ich weder von dort noch von hier.

DARWISCH: Du hast zwei Namen …

SAID: … die einander begegnen und sich trennen.

DARWISCH: Du hast zwei Sprachen …

SAID: … ich habe vergessen, in welcher ich träumte.

DARWISCH: Punkt.

SAID: Kontrapunkt.

XXXIV.

Wer eine Sprache mühsam erlernt hat, bis er nicht mehr in ihr fremdelt, fühlt sich für sie mitverantwortlich. Er pflegt eine fürsorgliche Beziehung zu ihr. Auch wenn sie ihm über den Zufall gelaufen ist, er hat sie sich zu eigen gemacht. Das lässt ihn nolens volens zu einem Stilisten werden. Beim Aufwachen staunt er über ihr Da-Sein. Bei Bedrängnis stärkt sie ihm mal die Zunge, mal flüchtet sie vor seinem Haspeln. In dieser Sprache, in diesem so soliden wie zerbrechlichen Wunderwerk, ist Sorgfalt eine Abkürzung für Sorgenfalten.

XXXV.

Der Geflüchtete steht gemeinhin zwischen Tür und Angel. Das ist unbedarft. Tatsächlich kann man ihm die Tür, vor der er kehrt, nicht vor der Nase zuschlagen. Die Fremde ist dem Fremden ein offenes Rätsel. So zugänglich wie unnahbar. Und er lernt: Haustürhaltung ist Türquälerei. Nun denn, das ist ein arg umzingelter Witz.

XXXVI.

Briefe nach Hause sind Münchhausiaden. Ich schwöre, der Lüge zu dienen, mich einzig und allein der Notlüge zu bedienen, so wahr mir mein Stolz helfe. Mutter, im Neuland ist es wunderschön. Vater, im Neuland sind wir bestens versorgt. Mutter, könntest Du uns doch nur besuchen, um zu sehen, wie unser neues Heim eingerichtet ist, mit allem ausgestattet, was das Herz begehrt. Vater, was würde ich nicht dafür geben, Dich mit meinem brandneuen Passat durch die Berge zu fahren. Mutter, das Einzige, was uns fehlt, Vater, das Einzige, was uns fehlt zum Glück, ist Eure Gegenwart.

XXXVII.

Auf die Vertreibung aus dem Paradies folgt die Flucht ins gelobte Land. Ein weltgeschichtliches Perpetuum mobile.

XXXVIII.

Jahrelang ist am Telefon kaum ein sinnvolles Gespräch möglich, weil er von hier, sie von dort, sie von hier, er von dort unweigerlich zu weinen beginnt. Wenn der Geflüchtete an seine Großmutter denkt, hört er ihre Stimme, wie sie bricht, wie sie zerbröselt, wie sie in allem unverständlich wird außer in ihrem Schmerz. Weil das Schluchzen sie beide davon befreit, über das zu reden, wozu ihnen die Kraft fehlt.

XXXIX.

Von Anfang an entspricht das Neuland nicht den Erträumungen. Zelte Barracken Auffanglager. Wie bitte, im gelobten Land? Behördengänge Warteschleifen Leerläufe. Überall und mittendrin im gelobten Land. Warten Warten Warten. Auf einmal wieder das Bündel schnüren. Erneut in einer Warteschlange stehen, die zunehmend weiter in die Zukunft reicht, je länger der Geflüchtete in ihr verharren muss. Er lernt, ohne Geduld zu warten. Der Glaube ans gelobte Land ist eine zerrissene Anzeige auf dem Schwarzen Brett.

XL.

Wovon hast du geträumt, als du deine Heimat verließest? Auf Wasser zu gehen? Nein. Auf Luft zu gehen! Träume sind völlerisch. Sich einmal den Bauch vollzuschlagen mit allem, was es nicht gibt. Alle Schokoladen im Angebot zu probieren. Erwachsene müssen schwer an ihren mitgeschleppten Träumen tragen, auch wenn sie in Erfüllung gehen. Kinder sind unbelastet. Sie wissen nicht einmal von der geplanten Flucht (wir werden Urlaub machen, Urlaub am Meer, Urlaub im Ausland, wir werden durch einen Wald spazieren, wir werden durch einen Fluss waten). Irgendwann begreifen Kinder, dieser Urlaub ist ein Abenteuer. Aber niemals geht ihnen durch den Kopf: mit ungewissem Ausgang. Sie hegen weiterhin keine Erwartungen. Sie müssen sich nicht befreien von der Last ihrer Erträumungen. Unschuld bedeutet Mangel an verderblichen Sehnsüchten.

XLI.

Wer an das gelobte Land glaubt, will darin aufgehen, ohne sichtbare Rückstände zu hinterlassen. In der Öffentlichkeit benutzt er seine Muttersprache, wenn überhaupt, nur zum Flüstern, zuckt zusammen, wenn ein anderer Fremder brüllt (bestimmt kein Geflüchteter, denkt er sich). Sein Schamgefühl bedeutet ihm, den gemeinsamen Raum nicht mit allgemein Unverständlichem zu besetzen. Er will nicht auffallen, koste es, was es wolle. Er will gesehen werden, aber nur als Glanzpunkt seiner eigenen Verwandlung. Wer hingegen vom Glauben abgefallen ist, der will ausfluchen, will sein schweres Los deftig verkünden, den Bahnhofsplatz okkupieren mit fremden Lauten. Der schert sich keinen Deut mehr um die Disziplin der anderen. Er steigert sich in die Rolle des Parias hinein, weil er sichtbar sein will, so andersartig wie er sich fühlt.

XLII.

<u>Dramolett</u>

Groucho Marx, bekannter Satiriker

Interviewer, unbekannter Journalist

INTERVIEWER: Sie wollten doch mal Mitglied eines feinen Klubs werden?

GROUCHO: Ja.

INTERVIEWER: Was ist passiert?

GROUCHO: Ich wurde abgelehnt.

INTERVIEWER: Wieso denn das?

GROUCHO: Sie haben mir mitgeteilt, sie wollten solche wie mich nicht als Mitglied haben.

INTERVIEWER: Und dann?

GROUCHO: Verging viel Zeit.

INTERVIEWER: Und dann?

GROUCHO: Veränderte sich die Welt.

INTERVIEWER: Und dann?

GROUCHO: Wurde ich berühmt.

INTERVIEWER: Und dann?

GROUCHO: Haben sie mir einen Brief geschrieben.
INTERVIEWER: Was stand drin?
GROUCHO: Sie boten mir an, Mitglied in ihrem Klub zu werden.
INTERVIEWER: Wie haben Sie darauf reagiert?
GROUCHO: Ich habe abgelehnt.
INTERVIEWER: Wieso?
GROUCHO: Ich wollte nicht Mitglied in einem Klub sein, der solche wie mich als Mitglied aufnimmt.

XLIII.

Schlimmer als schief angesehen zu werden: gar nicht gesehen zu werden. *Du musst verstehen, ich bin unsichtbar, einfach weil die Menschen sich weigern, mich zu sehen.* Am Tag der Einreise setzt dichter Nebel ein. Die Einheimischen können ihn nur hören, und das gereicht dem Geflüchteten, dessen ist er sich in seiner Blindheit bewusst, nicht zum Vorteil. Wenn er an den Schalter tritt, verliert er das Gesicht. Im Alptraum verwandelt sich sein Gesichtsausdruck in einen Fingerabdruck.

XLIV.

Früher wurde das Befinden der Zurückgelassenen an der Handschrift erträtselt, heute wird die Stimme hinter den Worten abgehorcht. Früher musste das Telefongespräch angemeldet werden. Es kam nicht immer zustande. Und wenn, dann war die Stimme durch das Rauschen jeglicher Vertrautheit entrückt. Die Briefe, die sie erhielten, waren stets geöffnet worden, der Geheimdienst hatte sie schlampig wieder zugeklebt, mit gelbem Klebstoff, der grell den Kontrollakt verkündete. Briefe werden anders verfasst, wenn man weiß, dass sie von Unbekannten, von Arglistigen, von Heimtückischen gelesen werden. Die kleinen Geschenke zu besonderen Anlässen wurden im zuständigen Amt befingert, manchmal erreichten sie die Adressaten nicht. Oder sie kamen zerbrochen, zerrissen an. Einmal trug die Schokolade zur Weihnacht Bissspuren von einem zuckergieprigen Zöllner.

XLV.

Die Flüchtlinge sitzen auf dem unteren Stockbett, die Fensterscheiben sind zugeklebt mit Werbungen für ein einheimisches Bier namens OPTIMIST, das kleine Gerät zwischen ihnen ist auf laut gestellt. Auch während eines Bürgerkriegs fallen Roamingkosten an. Während sie reden, alle durcheinander, oder einzeln berichten, oder für einen Augenblick gemeinsam schweigen, vermengen sich grüne Farbtöne mit braunen. Die knisternden Stimmen der Zurückgelassenen vertiefen die eigene Angst. Sie bleiben auf dem unteren Stockbett sitzen. Draußen werden die Tage abgespult wie der endlose Abspann eines Films, den sie nicht gesehen haben.

XLVI.

Einmal die Heimat verloren – für immer die Heimat verloren. Wenn dem nur so wäre. Die Heimat wird dem Geflüchteten nachgetragen wie ein abgenutztes Hemd, das er zurückgelassen hat in einer Jugendherberge, in einer Pension, in einem Hotel, in einem Spa, in einem Sanatorium (wer kann schon einschätzen, ob absichtlich, nach reiflicher Überlegung oder aus Schlamperei, dem geheimsten Instrument des Unbewussten). *Sie haben etwas bei uns vergessen.* Der Schmerz, etwas nicht loswerden zu können. *Wir schicken es Ihnen gerne nach.* Die Sehnsucht nach endgültigem Verlust. Er möchte die aus der Mode geratene Heimat für immer einmotten, aber er weiß nicht wie.

XLVII.

Nur andere Menschen behaupten, das Land, aus dem er geflohen ist, sei seine Heimat. Der Geflüchtete versucht zu erklären: Er hat sich hier eingerichtet, aber das Land der Herkunft geht nicht unter. Es entfernt sich und fühlt sich zugleich nah an. Es bleibt gegenwärtig, in der Familie, in Gesprächen, in denen es mal verklärt, mal verteufelt wird. Seine widersprüchliche Sehnsucht dreht sich im Kreis, seine Zukunft verfügt über Augen im Hinterkopf. Es ist ein Leben auf mehreren Bühnen, die sich mal bedingen, mal unabhängig voneinander dahinschweben. Zwei Sätze weiter erkundigt sich jemand nach seiner wahren Heimat. Der Geflüchtete ist der subtilen Erklärungen müde.

XLVIII.

Der Geflüchtete hat das Land seiner Geburt verlassen, aber er lässt es nie hinter sich. Selbst wenn er behauptet, es interessiere ihn nicht mehr. Selbst wenn er es völlig ignoriert. Selbst wenn er geschworen hat, es nie wieder betreten zu wollen, und sei es auch nur für den kürzesten aller Besuche, weil er mit diesem Land abgeschlossen hat, weil er sich von dem Land losgesagt hat, weil er es verstoßen hat. Selbst wenn er Verrat an der eigenen Vielfalt begeht und die Muttersprache verkümmern lässt oder so tut, als könnte er sie nicht mehr sprechen.

XLIX.

Der berühmte Künstler, der auf der Brücke steht, die er verhüllen will, eine der ältesten Brücken der Stadt, hat alles getan, ein anderer zu werden, er hat seinen Namen geändert und seinen Habitus, so dass jene, die ihn ansprechen, weil sie aus gemeinsamer Herkunft Solidarität ableiten, unweigerlich abblitzen müssen, denn sie reden eine Sprache und er antwortet in einer anderen, weil er die einst eigene Sprache angeblich nicht mehr versteht, aber seine Erwiderungen beweisen das Gegenteil, was von nebensächlicher Bedeutung ist, denn er lehnt es kategorisch ab, auch nur einen einzigen Flüchtling anzustellen, die Seile seines Kunstwerks festzuzurren.

L.

Der Geflüchtete weigert sich, die Staatsangehörigkeit jenes Landes anzunehmen, in dem er den längsten Teil seines Lebens zugebracht hat, solange die Gesetze seine Mehrsprachigkeit nicht akzeptieren. Das tun sie doch, wendet sein Nachbar ein. Mehrsprachigkeit, erwidert er, ist mehr als nur ein Pass.

LI.

Er ist so weit weg geflohen, wie er nur konnte. Bis ans Ende der Welt. Das hatte der Geflüchtete seiner Frau versprochen. Bis nach Kanada. Lichtjahre entfernt von dem Tatort seiner Traumata. Er ist stolz auf seine erfolgreiche Entrückung. Wenn jemand Interesse an seinen Erfahrungen von einst bekundet, antwortet er barsch, er möchte nicht ausgefragt werden. Neugier begegnet er mit Gedächtnisschwund. Erkundigt sich jemand beharrlich nach seiner Herkunft, erzählt er von Jugendliebe und Tennis, Tennis und Jugendliebe. Bis selbst seine Nächsten nicht mehr die Hand ins Feuer legen würden, dass er damals im Strafregiment fast umgebracht wurde.

LII.

Der Geflüchtete trauert. Um sein Geburtsland, um seine Kindheit, um seinen Freund, der in den Staatskerkern verschwand, spurlos, wie man misslich sagt, obwohl er Spuren hinterlässt im Bewusstsein jener, die ihn nicht vergessen können. Eine unvollständige Trauer, die sich immer tiefer ins Selbstartige gräbt, ins Unversöhnliche, ein Nicht-los-lassen-Können, verdammt nochmal, lasst mich sterben oder kratzt selber ab.

LIII.

Vor der Flucht wusste er, wieso er unglücklich war.

LIV.

Erinnerung wird unentwegt geschöpft und geschaffen, solange die nötigen Rohstoffe erhältlich sind: Plätze, Menschen, Spaziergänge, eine Allee, ein Stadion, ein Innenhof, der Duft von Koteletts, der Blick vom Balkon, der Klang der Kirchenglocken. Erinnerung ist Aktualisierung im Präteritum. Wenn die organische Verbindung zur Vergangenheit abreißt, richtet sich der Geflüchtete ein

Zimmer ein, zu dem er allein Zugang hat. Wie ein verlassenes Schloss, das gelegentlich von den ehemaligen Bewohnern besucht wird. Niemand darf den Sekretär oder den Fauteuil berühren. Der Staub, der sich auf allem niedergelassen hat, lässt die Konturen verschwimmen. Reine Beschau.

LV.

Es gibt keine Zeugen der eigenen Kindheit, der eigenen Jugend in seiner Umgebung. Niemand, der im Kindergarten die erste Rauferei miterlebte (*der andere ist mir in die Faust hineingelaufen*). Niemand, der auf dem Klassenausflug in die alte Hauptstadt mit dabei war (*meine Freundin hat sich im Zug in einen anderen verknallt*). Niemand aus der Clique im Gymnasium (keiner, der weiß, welche Zigaretten sie damals geraucht haben). Niemand aus dem Fußballverein (keiner, der weiß, dass er in einem Spiel zunächst den Führungstreffer und dann den Ausgleich erzielt hat). Wie in einem Gangsterfilm: alle Zeugen beseitigt. Außer einem. Der erzählt sich täglich eine verschwimmende Geschichte.

LVI.

Als der Geflüchtete den unverhofften Brief aus einer Kleinstadt in einem nördlichen Nachbarland öffnet, wird ihm schwindlig vor Freude. Eine einstige Kommilitonin, ein alter Sportkumpel, eine Frau, die als kleines Mädchen ein Pult mit ihm teilte, schreiben ihn an. Sie erklären zunächst ausführlich, wie sie seine Adresse erhalten haben, dann schlagen sie ein baldiges Wiedersehen vor. Die Euphorie ist beiden ins Gesicht geschrieben. Aus alter Bekanntschaft wird neue Freundschaft. Was sich einst die Hand gab, umarmt sich nun heftig. Selbst die Streitigkeiten von einst sind Ausdruck wertvoller Intimität. Sie reichen sich gegenseitig ein halbes Leben. Auch wenn sie bald wieder auseinandergehen werden, auch wenn in einem Nebensatz, einer Geste, der Verdacht aufblitzt, die gegenseitige Sympathie könnte hochgestapelt sein, nichts kann seine Beglückung schmälern, weil er zum ersten Mal seit Jahrzehnten mit einem anderen Menschen durch ein und dieselbe Zeitlandschaft wandelt.

LVII.

Geh zurück, wo du hergekommen bist! Würde der Geflüchtete diesen Satz ernst nehmen, müsste er in die Vergangenheit reisen. Das Land seiner Herkunft ist ihm inzwischen eine Terra incognita. Es wird bevölkert von Geistern, regiert von Gerüchten. Soll er es beschwören, soll er es vermaledeien? Der Geflüchtete ahnt, dass er sich auf dem Weg zum verlorenen Land hinter dem Horizont verlaufen könnte.

LVIII.

Vielleicht gibt es ein Recht auf Rückkehr, gewiss aber keine Verpflichtung. Allein schon aus praktischen Gründen: *Über eine Rückkehr nachzudenken ist sinnlos, weil es keinen Ort gibt, an den wir zurückkehren könnten.*

LIX.

Die Sehnsucht nach dem Zurückgelassenen, dem Entglittenen, dem Verlorenen, das ahnt der Geflüchtete lange vor der Evidenz der Fakten, ist der Griff nach einer Fata Morgana. Heimkehr ist nur noch in eine selbstgeschaffene Heimat möglich. Das hindert ihn nicht daran, Atlantis mit Solaris zu verwechseln.

LX.

Kannst du die Konturen deines Landes zeichnen?, fragt ihn eines Tages ein anderer Geflüchteter. Und fährt fort: *Ich kann sie derart genau skizzieren, würdest du meine Zeichnung in deinen Atlas, meine Karte auf das Abbild in deinem Buch legen, es würde aussehen, als hätte ich mein Land abgepaust.*

LXI.

Die persönlichen Karten des Geflüchteten werden von Grenzen dominiert. Auf Reisen sucht er nach jeder Grenze, selbst nach abgeschafften oder versteckten Grenzen. Für ihn haben Grenzen schwere Konturen. Sie umfassen Fragwürdiges. Wo andere freie Fahrt erleben, erkennt er einen Grenzübertritt.

LXII.

Nach der ersten Flucht erfolgt eine zweite Flucht. Im ersten Auffang wird den Flüchtlingen nichts von dem angeboten, was sie sich ersehnt haben. Die zweite Flucht bestätigt ihre Selbständigkeit, sie erscheint ihnen im Nachhinein wichtiger als die erste. Sie könnten jederzeit wieder fliehen, ihre Freiheit erneut bestätigen. Sie haben bewiesen, sie müssen sich nicht an die Gesetze der Grenzen halten, sie können ihre eigenen Wege gehen.

LXIII.

Ein halbes Leben lang hat er den Status *staatenlos* inne. Das ist keine Nebensächlichkeit. Keine Formalität. Keine bürokratische Petitesse. Bei jeder Einreise warnt er die Mitreisenden hinter ihm, sie mögen sich in eine andere Schlange einreihen. Bei jeder Passkontrolle erlebt er, wie sehr der Staat dem Staatenlosen misstraut. Er ist eine Provokation für die feinsäuberliche Ordnung des Staates. Eigentlich darf es ihn nicht geben.

LXIV.

Es hat ungezählter Stunden des Nachdenkens bedurft, bis der Staatenlose die Widersprüche seiner bürokratischen Identität aufgelöst hat: Ich bin mein eigener Staat. Wenn ihm das zu gewagt erscheint, behilft er sich mit einer bescheideneren Alternative: *Ich bin entweder Niemand oder eine Nation.*

LXV.

Eines Tages wird der staatenlose Student am Brenner aus dem Nachtzug geworfen. Am Kragen gepackt, zur Tür geschubst, in der Polizeistation (einem Kabuff) verhört. Er habe kein Visum für Österreich. Er wusste nicht, dass er ein Visum für Österreich benötigte (eine Sonderregelung; andere westliche Länder lassen Staatenlose mit Flüchtlingspass einreisen, durchreisen, ausreisen). Das Visum gibt es nur in Mailand, auf dem Konsulat. Er hat kein Geld. Das interessiert die Grenzpolizei nicht. Es ist die Nacht von Freitag auf Samstag. Das sei nicht ihr Problem, erklärt die Grenzpolizei. Er will ihr Land nicht betreten, nur mit dem Zug durchreisen. Das überzeugt die Grenzpolizei nicht. Er versucht, heimlich in den nächsten Zug einzusteigen. Er wird erwischt von einem Schatten mit Hund. Beide bellen ihn an, im Kabuff wird die Grenzpolizei handgreiflich. Sie setzt ihn in den nächsten Zug Richtung Bozen. Sie hat Macht, er kein Geld. Er fährt schwarz, zurück zum Brenner. Er geht zum Lastwagenparkplatz. Er spricht einen der Fahrer an, erzählt ihm seine Geschichte. Wort um Wort wahr. Der Mann hört aufmerksam zu, dann lässt er ihn ohne Kommentar einsteigen. Keiner kontrolliert den LKW-Fahrer und seine Menschenfracht. Sie überqueren brummend die Grenze. Zuerst ist er erleichtert, später stolz. Er hat sich durch sein Tun zur Illegalität bekannt. In einem System der Unmenschlichkeit ist der Verstoß gegen die Gesetze eine humane Maxime.

LXVI.

Er wird sich stets an die beiden Gesichter erinnern. Ein Palästinenser, ein Algerier. Studenten der Wirtschaftswissenschaften. Wegweiser, Gepäckschmuggler (über die Grenze, im Kofferraum), Fluchthelfer. Sie tun es des Geldes wegen. Sie sind freundlich, aber unbeteiligt, wie Menschen, die es gewohnt sind, existentiellen Dramen routiniert beizuwohnen. Fluchthelfer und Flüchtende haben keine gemeinsame Sprache. Sie können sich trotzdem verständigen. Der Pfad zum Grenzfluss wird gestisch beschrieben. Er dankt es ihnen im Nachhinein. Was auch immer ihre Motive gewesen sein mögen. Er hätte ihnen auch mehr gezahlt, er hätte ihnen alles gegeben. Er fragt sich, wo sie mittlerweile sein mögen. Worauf sie sich wohl mit dem Leben geeinigt haben?

LXVII.

Dramolett

Der Geflüchtete, nachdenklich

Ein Freund, auch nachdenklich

FREUND: Weißt du, auf einmal wurde mir die Absurdität von Grenzen bewusst.

GEFLÜCHTETER: Wie, auf einmal?

FREUND: Mit einem Schlag.

GEFLÜCHTETER: Schlagbaumartig?

FREUND *(lacht)*: So ungefähr.

GEFLÜCHTETER: Ich habe in dieser Absurdität gelebt.

FREUND: Wie meinst du das?

GEFLÜCHTETER: Zunächst durfte ich nirgendwo hin, dann stand mir die ganze Welt offen.

LXVIII.

Der Geflüchtete hat wenig Erfahrung mit Beerdigungen. Als seine Großmutter starb, versperrte ihm der Eiserne Vorhang den Weg. Als seine Mutter starb, erlaubte ihm sein Aufenthaltstitel nicht, das Land zu verlassen. Als sein Großvater starb, konnte er nicht zurückkehren, weil er zum Militärdienst eingezogen worden wäre. Ob sein Vater noch lebt, weiß er bis zum heutigen Tag nicht.

LXIX.

Jeder Geflüchtete trägt ein Verzeichnis seiner Dankschulden in sich. Dem Neuland gegenüber. Einzelnen gegenüber. Für das Glas Wasser, das ihm gereicht wurde. Für die Scheune, in der er übernachten durfte. Für die Begleitung auf Behördengänge. Oder die Unterstützung bei der Arbeitssuche. Oder die Vermittlung einer Ärztin. Für den einen Tag, der so gänzlich normal war, so frei von Aufregungen und Anspannungen, dass er diesen

Tag wie reinste Labsal erlebte. Jene, die ihm öfter helfen, die ihm zur Seite stehen, so als ginge seine Mühsal sie beide etwas an, haben irgendwann einmal Schwierigkeiten, die Gesetze des eigenen Landes zu verstehen.

LXX.

Die Einheimischen, begreift der Geflüchtete mit der Zeit, erfreuen sich an kleinen Bekundungen seiner neuen Zugehörigkeit. Wenn er sich mit neugieriger Stimme nach den jüngsten Fußballergebnissen erkundigt (er hat gelernt, den Namen der Stadt nicht zu erwähnen, nur das Kürzel des Vereins). Oder wenn er einen Krug Bier in der Hand hält: Ein lautes Prosit überbrückt den trennenden Tisch. Oder wenn er eine Fahne (die richtige, natürlich) auf seinem Balkon postiert. Die Farben der einheimischen Flagge auf der Wange eines fremdländisch aussehenden Mädchens, das lässt Herzen höher schlagen.

LXXI.

Dramolett

David Miliband, ehemaliger britischer Außenminister

Hisham Matar, libysch-englischer Autor

David Miliband legt zum Abschied eines höflichen, aber unverbindlichen Gesprächs die Hand auf die Schulter seines literarischen Gastes.

MILIBAND: Are you British now?

MATAR: Yes.

MILIBAND: Good man. Excellent. So you're one of us.

LXXII.

Unbekannten aus seinem Herkunftsland vertraut er nur sein Misstrauen an. Er weiß nicht, auf welcher Seite sie standen, als die Fronten noch klar gezogen waren. Die Gründe für die Flucht, die Wege der Flucht werden noch Jahre und Jahrzehnte später nicht offen ausgesprochen. Es herrscht eine Inflation fingierter Biographien. Landsleute umtanzen einander: *Wie fühlst du dich hier? Seit wann bist du hier? Wen kennst du hier?* Die Fragen ändern sich je nach politischer Lage. Während des Kalten Kriegs, am Montmartre, zwei Grüppchen erkennen sich von weitem am Sprachklang, fragen die einen beschwingt: *Wo kommt ihr denn her?*, antworten die anderen streng: *Wir sind von hier!*, worauf die Fragenden still und schnell entschwinden.

LXXIII.

Heirat ist ein altes, probates Mittel zur Flucht. Ein symptomatischer Sonderfall. Die blind eingegangene Verbindung mit einem Fremden, einer Fremdin. Das Risiko, alle wichtigen Fragen erst beantworten zu können, wenn man schon in einem Boot sitzt, weitab der Küste. Vermählung mit Unbekannt. Ausgang offen. Wenn die Ehe zwischen Einheimischen und Fremden scheitert, wird Differenz dafür verantwortlich gemacht, die Differenz zwischen zwei Kulturen, zwei Traditionen, zwei Essenzen, die vermeintlich miteinander nicht auskommen können. Geht die Ehe zwischen zwei Einheimischen in die Brüche, liegt es an der Differenz zwischen zwei Individuen.

LXXIV.

Als er eine Einheimische heiraten will, verlangt die Bürokratie neben anderen Belegen und Beweisen seiner Identität eine Geburtsurkunde, ausgestellt innerhalb der letzten sechs Monate. Er reist hierfür in die Stadt seiner Geburt. Im zuständigen Amt tippt eine Beamtin eifrig auf ihrer Tastatur herum, bis sie zu der Einsicht gelangt: *Sie stehen nicht im System*. Dem Standesamt versucht er zu erklären, dass es ihn dort, wo er herkommt, nicht mehr gibt. Die Beamtin hinter dem gerundeten Schreibtisch beäugt ihn misstrauisch, so als verdächtige sie ihn eines Betrugsversuchs.

LXXV.

Die Etablierten unter den Geflüchteten betrachten die Neuankömmlinge mit Reserviertheit. Gelegentlich sogar mit Abscheu. Sie haben vergessen, dass sie sich vor langen Jahren den Hintern auch mit einem einzigen Stück Klopapier abwischen mussten. *Mir hat niemand geholfen*, sagt der einstige Flüchtling. *Wieso sollen die es einfacher haben als wir?* Sein Gedächtnis belügt ihn (oder seine Bequemlichkeit drückt ihm eine Lüge aufs Gedächtnis). Auch ihm wurde geholfen, ein halbes Jahr Unterkunft und Essen, egal, ob es ihm schmeckte oder nicht. Er hat die Flucht überstanden, weil er von der Milch der Menschengüte kosten durfte, weil jemand entlang des Weges Mitgefühl mit ihm zeigte. Jemand wie jener ältere Herr, der die Flüchtlinge mitnahm, als sie den Daumen raushielten, irgendwo im tiefsten Süden des Landes. Es dämmerte, der Wagen summte, er bot ihnen Nüsse an, aus der Konsole zwischen den beiden vorderen Sitzen. Niemals wird er den Geschmack dieser salzigen Mandeln vergessen.

LXXVI.

Der Geflüchtete ist sich bewusst, dass sein Leben ganz anders hätte verlaufen können. Neben ihm schwebt der Geist eines weniger glücklichen Ausgangs. Er gedenkt der Getöteten, der Zurückgebliebenen. Er weiß von Menschen, einen Schicksalsschlag von ihm entfernt, die in der Luft hängen, von sich selbst am meisten aufgegeben. Der Geflüchtete ist sich bewusst, dass sein Haus ganz anders aussehen könnte. Er macht eine Inventur seiner Segnungen.

LXXVII.

Er liest in einem alten Buch: *Aber das Herz ist manchmal ein Totem und manchmal ein Paragraph, und wer hat es gern, Unsicherheit aufzunehmen. In Zeiten, in denen ein Bürgerrecht auf Sicherheit eingeklagt wird. Auf totale Sicherheit.* Er verkörpert Unsicherheit. Auflösung des Verlässlichen. Wenn der Einheimische einen Flüchtling aufnehmen soll, fragt er sich, ob seine eigenen Wände von Bestand sind. Wenn er fordert, dass der Geflüchtete sich in heimischer Luft auflöst, will er eigentlich, dass eine drückende, bohrende, nervende Frage verschwindet.

LXXVIII.

Flüchtende wecken schlafende Fragen.

LXXIX.

Der Geflüchtete ist selten Querulant. Wie soll er seine Klage formulieren, wo soll er sie einreichen? Er hat wenige Rechte (er braucht lange, um zu begreifen, dass sein Grundrecht darin besteht,

Rechte zu haben) und zu wenig Kenntnis von den Rechten, die ihm zustehen. Er erduldet die schlechte Behandlung, die geringe Bezahlung, die Arbeit weit unter seinem Bildungsniveau. Er kann sich nicht auf die faule Haut legen, weil er sich aus seiner Haut geschält hat. Die Ängste der Einheimischen sind Projektionen auf seinen ungeschützten Körper. Die ständige Defensive. Dieses Zehenspitzige.

LXXX.

Den Anderen nur als »Anderen« wahrzunehmen ist der Beginn von Gewalt.

LXXXI.

Auf manch einer Scholle wird eine Karikatur des Flüchtlings als Vogelscheuche aufgestellt. Die Sentimentalen unter den Einheimischen schwärmen vom Vogelzug am Himmel und ekeln sich vor dem Menschenzug auf Erden. *Wo man singt, da lass dich ruhig nieder, böse Menschen haben keine Lieder.* Von wegen. Schmalziger Gesang, Schunkeln, Schlager statt Chaconne. Sentimentalität, so berichten Lagerinsassen aus dem Westen und dem Osten, nähre die Grausamkeit.

LXXXII.

Der Vater verliert an Autorität. Das, was er seinen Kindern vermitteln könnte, ist nicht mehr wesentlich, er muss sich selbst zurechtfinden, sich durch die Dunkelheit tasten, er ist nicht mehr der uneingeschränkt Wissende, sondern der Verlorene, der sich schlechter orientiert als seine Kinder. Seine Tochter ist die Beste in ihrer Klasse. Die Tochter muss ihm das Lob ihres Lehrers übersetzen. Diese Entmachtung kann der Vater schwer hinnehmen, sie erniedrigt ihn. Umso heftiger und entschiedener und mit einer Verzweiflung, die sich hinter lauter Stimme verschanzt, postuliert er Gesetze aus der Wüste, deren Gültigkeit von den Wäldern und Wiesen der näheren Umgebung verächtlich gemacht werden.

LXXXIII.

Eine Fechterin wird angefeindet, weil sie ein Kopftuch trägt. Fechter verschwinden hinter einem Gesichtsschutz, die Haare sind kaum zu sehen, das Kopftuch ist vor und nach dem Kampf erkennbar, nicht aber währenddessen. Die Verhüllung der Fechter hat einen guten Grund, diese Sportart ist potentiell tödlich. Manche Eltern fragen sich, ob der Anblick einer Fechterin mit Kopftuch für die anderen Jugendlichen gefährlich sein könnte.

LXXXIV.

Mit dem *Namen, sind Sie überhaupt einer von uns?* Der Geflüchtete empfindet Ablehnung als symbolische Form der Abschiebung. *Was will dieser Tschusch eigentlich?* Manche Sätze verletzen ihn nachhaltig. *Was haben Sie denn für eine Staatsbürgerschaft?* Er ist zu feinfühlig. *Wieso schreiben Sie nicht in Ihrer eigenen Sprache?* Reiß dich am Riemen! Sei nicht so ein Weichei. Wo gehobelt wird, fallen Späne! Idiomatisch ist er schon voll und ganz angepasst.

LXXXV.

Der Raum, in dem sie einquartiert werden, ist unterteilt durch Steppdeckenwände. Intime Nischen, aber nur für das Auge. Sie werden feindselig empfangen, denn ihre Ankunft beengt die anderen Flüchtlinge. Eine der Familien kocht in dem Schlafraum auf einem kleinen Herd Suppen, Eintöpfe. Die Gerüche sorgen für intimen Hass. In einem Treppenhaus einer Großstadt, eine Epoche später, auf jeder Etage ein anderer Geruch. Er steigt die Stiege auf und ab, liest die Namensschilder der Bewohner. Ein jeder bemüht, sich seiner Herkunft olfaktorisch zu vergewissern. Welche Gerüche heißen einen willkommen? Welche stoßen einen ab? Könnte es sein, dass seine Nachbarn Fremdes im Fernurlaub besser riechen können?

LXXXVI.

Als die Großmutter auf Besuch kommt, dank eines Kurz-vor-dem-Tod-lassen-wir-Gnade-vor-Recht-ergehen-Diktums, steht sie mit Krampfadern über wollenen Socken in der Küche und rettet all das, was die Mutter vom Fleisch wegschneidet, vor dem Mülleimer. *Das Beste schmeißt ihr weg*, sagt sie mit leichtem Tadel in der Stimme. Sie kauft sich Rückenspeck und ergötzt sich an den fetten Streifen. *Ihr habt vergessen*, sagt sie ohne jeglichen Vorwurf, *zu Hause essen wir alles, bis auf das Quieken.*

LXXXVII.

An Festtagen verwandelt sich die Wohnung der Familie in ein Wachsfigurenkabinett des Brauchtums. Die Gardinen werden zugezogen, die Türen abgeschlossen. Alle verzierten Tongefäße werden aus dem hintersten Eck des Küchenschranks hervorgeholt. Die längste Fassung des festtäglichen Gebets wird aufgesagt. Die Gerichte werden dreimal abgezählt, um ja keinen Fehler zu begehen. Selbstgebackenes wird serviert mit eingelegten Erinnerungen. An Festtagen werden alle ungelösten Fragen erhitzt und ins kalte Wasser geworfen. Alle erfreuen sich an den bleiernen Formen.

LXXXVIII.

Kaum ist er erwachsen geworden, meldet sich die Vertreibung aus dem Paradies penetrant zu Wort. Die Familie ist geflohen, weil das Paradies kein Paradies mehr war. Was läge näher, als für die Wiederherstellung des Paradieses zu kämpfen? Er ist im Alter des Übermuts. Er sucht Gleichgesinnte, er setzt sich mit einigen von jenen in Verbindung, die derartige Verheißungen, kaum sichtbar, hissen. Einige (wenige) Revolutionäre, eine Legion Zukunftsmakler. Er fotokopiert Pamphlete, verkleinert sie, bis sie in Streichholzschachteln hineinpassen. Am Hauptbahnhof sucht er in einem Schlafwagenabteil nach geeigneten Schmuggelstellen. Jeden Donnerstag trifft er sich in einem schäbigen Restaurant mit Landsleuten, die ihn wortreich ermuntern, während sie ihn mit müden Augen belächeln. Die Älteren erleben nicht zum ersten Mal, wie ein Jungspund heimisch zu werden versucht in elysischer Folklore. Sie geizen mit der eigenen Ernüchterung. Desillusionierung muss jeder selbst erfahren.

LXXXIX.

Er demonstriert mit den Älteren auf der Straße gegen den Diktator des Höllenlandes. Limousinen fahren vor. *Leichenzug!*, schreit er. *Meuchelmörder!*, schreien sie im Chor. Das wird weder gern gehört noch gesehen. Sie drängen nach vorn, ihre Rufe werden lauter. *Schleich' dich*, sagt ein Polizist. Zur Antwort wirft er diesem eine Losung ins Gesicht. Der Polizist versetzt ihm einen Stoß. Die Älteren zerren ihn weg. Wenn sie etwas in der Maßlosigkeit ihrer Verbannung gelernt haben, dann zu beurteilen, welche Kämpfe sich lohnen und welche nicht.

XC.

Seine Wut vergeht langsam wie ein Ausschlag. Die Älteren haben sich gemütlich eingerichtet im Provisorium. Ein Professor seiner Muttersprache rät ihm väterlich: *Du hast starke Gefühle, das ist gut, aber du musst dich von ihnen lösen, diese Sehnsucht tut dir nicht gut.* Er verkrallt sich in seine Absonderung. Kann sich nicht bewegen. Weiß nicht, worauf er wartet. Stößt auf ein Wort: Niemandsland. Schlägt seine Zelte dort auf. Mästet seinen Selbstschmerz. Sucht nach Schuldigen in jedem Gesicht, das ihm über den ziellosen Weg läuft.

XCI.

Der Geflüchtete fastet gemäß den Geboten der Sehnsucht. Er wird Mitglied eines Kults namens Nostalgie. Er sucht die Gesellschaft von Schwärmern, Mönchen, Propheten. Alles, woran es ihm mangelt, hat einen Urgrund: das verschlossene Paradies. *Die reine Heimat* ist seine Weltformel. Noch eine Sprache muss er lernen, eine geheime. Als Mitglied eines auserwählten, erlauchten Kreises ist er den langweiligen, hässlichen, verschlossenen, abweisenden Einheimischen überlegen.

XCII.

Nostalgie hat für jeden Widerspruch eine Erklärung. Die Ikonostase ist ein heiliger Vorhang, der das segensreiche Tun des Priesters vor den Blicken der Gläubigen schützt. Was ihnen vorenthalten wird, ist über jeden Zweifel erhaben. Das

Geheimnis ist der Garant der Glaubhaftigkeit. Die Abbildungen auf den Ikonen erscheinen ihm ungelenk, bis ihm die umgekehrte Perspektive erklärt wird, der zufolge es zwingend notwendig ist, dass die Proportionen nicht stimmen. Das ist der Goldene Schnitt einer anderen Offenbarung. Am meisten überzeugt ihn an dieser Welterklärung ihre Andersartigkeit. Anders als alles, was ihm bislang vorgegaukelt und eingetrichtert wurde. Das Abwegige leuchtet ihm ein. Indem er sich abwendet, gewinnt er Einsicht. Ohne dass er es merken würde, verknöchert Differenz zu endgültiger Wahrheit.

XCIII.

Er ahnt, er spürt, dass sein abweichendes Verhalten missverstanden wird, als charmante Exzentrik, als suspekte Fremdlichkeit. Freunde unter den Einheimischen betrachten seine Wandlung als Marotte, als Laune, als Torheit von kurzer Verfallszeit. Seine Erweckung erscheint ihnen als Einschläferung. Einige von ihnen flunkern Interesse vor, begleiten ihn zum Ritus. Sie geben sich alle Mühe. Sie können ihn über ihr tatsächliches

Desinteresse, über ihre wahre Ablehnung nicht täuschen. Sie klopfen immer seltener an seine Tür. Sie geben auf. Sie vergessen, wo er wohnt.

XCIV.

Er pflegt nur noch Umgang mit jenen, die präzise die Choreographie der Verbeugungen vor der Ikonostase auszuführen verstehen. Gläubige sind durch Schibboleths miteinander verbunden. Der Sonntag ist seinem wahren Leben gewidmet. Er hat neue Väter und Mütter, neue Geschwister, er hat die Ahnen zum Sprechen gebracht. Er begreift nun, mit einer Klarheit, die alles andere im Nebel verschwinden lässt, dass die Zukunft ein Umweg ins Paradies ist.

XCV.

Die Welt fällt auf den Kopf. Eine epochale Beule. Er packt einen Koffer voller Delikatessen. Am Flughafen blickt er sich um. Ob die anderen ahnen, dass er zum ersten Mal seit Jahrzehnten den Heimweg antritt? Beim Anflug weint er angesichts seiner Geburtsstadt. Bei der Einreisekontrolle straft er den Beamten mit einsilbigen Antworten. Die erdrückende Umarmung der Verwandten ist der erste Riss in seiner buntbestickten Nostalgie. Viele weitere folgen. Die Zurückgebliebenen glauben sich im Recht, weil sie das Land nicht verlassen haben. Wenn er einen Salat bestellt oder eine Adresse verlauten lässt, wird er sofort gefragt: *Du redest so merkwürdig! Wo kommst du denn her?* Er stellt Fragen, die jedes Kind beantworten könnte. Er hat den Wortschatz eines Teenagers. Er dekliniert: *achten, Achtung, Verachtung*. Auf dem Rückflug freut er sich, bald wieder nach Hause zu kommen. Er schließt die Tür hinter sich. Er ist von seinen starken Gefühlen geheilt.

XCVI.

Sie kann ihr eigenes Nest nicht verrücken … Sie hat sich von einem Vogel in einen Baum verwandelt, ihre Federn werden weiß und schrumpfen. Aber als Baum singt sie weiterhin die Lieder der Vögel.

XCVII.

Im Nachhinein erscheint ihm Nostalgie als höchste Form der Ignoranz. Als erinnerungsschädliche Sucht, der er von der Schippe gesprungen ist. Als ichgefällige Empfindung. In *Nostalghia* watet der Verbannte durch die Kanalisation seiner Sehnsüchte, durch Schlick und Schleim. Die Bilder dieses Films verursachen ihm körperliche Schmerzen. Er ist noch einmal davongekommen.

XCVIII.

Es gibt Geflüchtete, die kennen kein Heimweh. *Unsere Heimat ist da, wo wir gern gesehen sind, wo wir Arbeit und Brot finden.* Das sind Pragmatiker, die ihr Leben auf das Wesentliche reduzieren. Es bleibt nur die Frage, ob sie deswegen willkommener sind? Ob sie deswegen leichter Arbeit und Brot finden? Alles Weitere sei dann ganz einfach, ein Rentenanspruch, eine Lebensversicherung, alles Weitere ergebe sich ganz von allein.

XCIX.

Heimat ist das, was in einem nicht sterben kann.
Eine Illusion, die auch dann nicht verschwindet,
wenn man nicht mehr an sie glaubt.

Zweiter Teil
(Von den Errettungen)

99.

Heimatlosigkeit muss nicht falsch sein.

98.

Die Erzählung der Flucht wird meist aus dem Blickwinkel des Stillstands geschrieben. So wie die Sesshaften die Nomaden nie verstehen werden, können die vermeintlich Standfesten die Fliehenden nur missverstehen. Flucht kann allein aus der Bewegung heraus begriffen werden.

97.

Bewegung ist an sich weder gut noch schlecht. Sie ist ein Aggregatzustand. Es ist für den Geflüchteten nicht einfach, stehenzubleiben. Selbst wenn er festgehalten wird.

96.

Einmal in Bewegung geraten, erscheint ihm der Stillstand eine Zumutung, eine Gefährdung, eine Überforderung. Ein Zustand endgültiger Entscheidungen. Ein Ort der Einwändungen. Er hat nichts gegen Wände, solange sie wachsweich sind.

95.

Der Anblick von Flüchtenden beunruhigt die Sesshaften. Menschen auf der Flucht schleppen ihr Eigentum in einem Koffer, einem Rucksack, einer Plastiktasche, auf Schubkarren. Ihr ganzes Hab und Gut, wie der sesshafte Volksmund zu sagen pflegt. Aber es ist nicht ihr *ganzes* Hab und Gut, sondern eine eigentümliche Farce, das Wertvolle zusammengeschrumpft zu einer Einheit, die man auf dem eigenen Rücken tragen kann. Alles, womit der Sesshafte sich umgibt, wofür er sich ein Leben lang abschuftet, ist dahin und für immer verloren. Das Bild eines Flüchtlingstrecks offenbart das Überflüssige am Überfluss.

94.

Zwischen Herkunft und Ankunft erfolgt aus Sicht der Sesshaften eine bedrohliche Verrückung der Ordnungen, entsteht ein schwer überwindbarer Mangel. Ergo ist der Flüchtling ein Opfer, das unweigerlich Forderungen stellen, ein gefräßiges Kind, dessen Appetit wachsen wird. Wären die Flüchtlinge weniger Opfer, erschienen sie weniger bedrohlich.

93.

Aber die Wahrheit des Tages ist nicht die Wahrheit der Nacht. Flucht kann ein Akt des Widerstands sein. Eine Selbstermächtigung. Ein Aufbruch. Der Flüchtling kann ein Handelnder sein, ein Aktivist, ein Rebell, jemand, der sein Leben und das Leben seiner Nächsten den Klauen des Schicksals entrissen hat. Die Einteilung in Unschuldige und Opfer verharmlost die Geschichte.

92.

Auf-Bruch! Sowohl ein Flug als auch ein Fall. Eine Drehung beim Tanz von Shiva, ein Schritt Vernichtung, ein Schritt Geburt. Unablässige Brandung am Puls der Zeit. Ja, die zerstörerische Kraft ist eine schaffende Kraft.

91.

Veränderung ist Bewegung. Der Geflüchtete verkörpert Bewegung. Er bringt Veränderung in die Gesellschaft.

90.

Kulturelle Entfaltung ist Bewegung ohne Geländer.

89.

Weil der Staat höchster Ausdruck von Zivilisation sein soll, liegt der Verdacht nahe, bei dem Flüchtenden, der die Hoheit des Staates durch seine Existenz an sich in Frage stellt, handele es sich um einen Barbaren. Es dauert eine Ewigkeit, diesen Verdacht auszuräumen.

88.

Ich bin der Herr, dein Staat; du sollst keinem anderen Staate dienen.

87.

Wenn er mit einem Menschen spricht, der in jungen Jahren ausbrechen musste, aus seiner Provinz, aus seiner Religion, aus seiner Familie, aus allem zugleich, begegnet er jemandem, der ihm die Flucht ein wenig neidet. Was für eine radikale Lösung, mit einem Schlag alles abgeworfen, alle Ketten abgelegt, *wir waren mit achtzehn blind und weltfremd*, die Reise nach Rom (nach Paris, nach London) das aufregendste Abenteuer; der Umzug nach Berlin (nach Hamburg, nach München) die größte Revolte; das Ausleben der eigenen Sexualität eine vorübergehende Erlösung. *Du hingegen, mit deiner Souveränität, du bist überall zuhause.* Das ist eine uralte Projektion. Der Sesshafte neidet dem Nomaden die Freiheit, niemals aber würde er den Platz mit ihm tauschen.

86.

Der Bürgermeister träumt von einer kosmopolitischen Weltstadt, einem New York der Hanse. Aber ohne Flüchtlinge. Er sehnt eine große Kirmes der Vielfalt herbei, aber ohne Menschen mit falschen Papieren. Eine Teezeremonie, kein Besäufnis. Regulierter Verkehr, keine Ekstase. Je länger das Streitgespräch andauert, desto entschiedener klammert sich der Bürgermeister an argumentatives Treibgut, wie ein moralisch Ertrinkender. Ein Sprichwort aus alten Zeiten sagt: Hüte dich vor jenen, die sich das Herz im Himmel wünschen und den Arsch auf dem Kanapee.

85.

Die offene Stadt, die der Welt zusprechende Hafenstadt, ist das Ideal des Geflüchteten. Wo jeder anlanden kann, wo alles verladen wird. Weil keiner weiß, in welchem Ballen, welcher Kiste, welchem Container Wertvolles auf Entdeckung wartet. Wo zur Flut das Meereswasser ins Land dringt und zur Ebbe das Süßwasser ins Meer hinausfließt.

84.

Der Geflüchtete ist dem Übersetzen verpflichtet. Er übersetzt nicht nur zwischen der Sprache der Herkunft und der Sprache der Ankunft, zwischen den Dialekten der Kindheit und der Gegenwart, das sind vergleichsweise leichte Aufgaben, er muss auch das Wesentliche aus der Bewegung in den Stillstand schmuggeln, zwischen Salzigem und Süßem hin und her tragen. Das gelingt meist holprig stolprig. Er kann sich dieser Aufgabe nicht entziehen, zwischen diesen beiden Polen gibt es keinen geeigneteren Vermittler.

83.

Wer Bewegung zu teilen versucht, in reglose Bilder, in lebende Tableaus, in eine Abfolge von Wartesälen, der stellt die Bewegung an sich in Frage. Alle sitzen in einem Waggon. Die einen behaupten, der Zug rausche dahin, die anderen schwören, er sei abgestellt.

82.

Ein gefällter Baum wird zum Einbaum. Der Stamm ist tot. Wahrlich eine Entstammung. Einsteigen, das Wasser durchschneiden, andernorts uferwärts. Der Einbaum kann kentern, denkt sich der Geflüchtete, niemals aber Wurzeln schlagen. Was wäre, überlegt er bei ruhigem Rundschlag, wenn die Frage, wer er sei, von den Früchten abhinge? Was für eine Identität können geschlagene Stämme aufweisen? Der Einbaum bewegt sich fort, dank Wasser und Wille, immerzu fort.

81.

Der Mensch in seinem Einbaum klammert sich an sein Paddel und verteidigt sein Recht, anlanden zu dürfen, ohne dazugehören zu müssen.

80.

Er trägt den Einbaum durch die Wüste, das Gewicht der Welt auf seinen Schultern, aber er wirft ihn nicht ab, weil er weiß, irgendwo stößt er wieder auf Wasser. Er schläft in dem Einbaum wie in einem Zelt. Er sitzt in dem Einbaum und navigiert anhand des Südsterns, unter dem Kiel Lavagestein, brüchige Brocken, fossile Flüsse.

79.

Selten versuchen Geflüchtete durch eine Rückkehr in das Land ihrer Herkunft das Geschehene rückgängig zu machen. An Festtagen haben sie Jahrzehnte lang die Gläser zum Trinkspruch gehoben: Nächstes Jahr in Jerusalem! Als der Vorhang sich wider besseres Erwarten tatsächlich hebt und ein neues, ein längst ersehntes Jahr offenbart, bleiben sie sitzen. Schenken sich noch einen ein. Reiben sich die Illusionen aus den Augen. Prüfen wiederholt die Uhrzeit. Legen Geduld an den historischen Augenblick. Besuchen das Land ihrer Herkunft als Touristen, mit einem Rückflugticket in der Tasche.

78.

Heimkehr ist der größtmögliche Kulturschock. Es wäre für alle Beteiligten besser, die Rückreise würde Fremdkehr genannt werden. Nicht, dass Vorurteile auf Preziosen oder Unkenntnis auf Verwesung träfen, nein, der Türrahmen, durch den der Geflüchtete eintritt, ist niedriger als erwartet, die Beule am Kopf das erste Souvenir der Fremdkehr. Alles vermeintlich Bekannte erweist sich als Trug. Dem Vertrauten kann er nicht trauen. Als wachte er neben einem Nächsten auf, der sich über eine lange Nacht hinweg so sehr verwandelt hat, dass er vor Entsetzen aufschreit.

77.

Dramolett

Erster Fremdkehrer, sehr erregt

Zweiter Fremdkehrer, erregt

ERSTER FREMDKEHRER: Siehst du, was habe ich dir gesagt, wir werden schon erwartet.

ZWEITER FREMDKEHRER: Von einer einzigen Gestalt.

ERSTER FREMDKEHRER: Aber schau, wie eifrig sie winkt.

ZWEITER FREMDKEHRER: Stiller kann man nicht stehen.

ERSTER FREMDKEHRER: Vielleicht wartet sie nicht auf uns.

ZWEITER FREMDKEHRER: Es fragt sich eher, mit was sie aufwartet.

ERSTER FREMDKEHRER: Ein großer Mann.

ZWEITER FREMDKEHRER: Eindeutig eine weibliche Form.

ERSTER FREMDKEHRER: Seelentröstende Freundschaft.

ZWEITER FREMDKEHRER: Abgrundtiefe Fremdschaft.

ERSTER FREMDKEHRER: Man wird uns bestimmt empfangen.

ZWEITER FREMDKEHRER: Mit Pech und Schwefel.

ERSTER FREMDKEHRER: Du widersprichst.

ZWEITER FREMDKEHRER: Nur ungern.

ERSTER FREMDKEHRER: Es soll …

ZWEITER FREMDKEHRER: … nicht sein!

76.

Es braucht Mut, auf dem Acker, wo man gejätet wurde, wieder Wurzeln zu schlagen. Täglich erinnert der Fremdkehrer die Festgewurzelten daran, dass es Alternativen gab zum Kuschen, zum Erdulden, zum Kopf-Einziehen; zur Gülle, der sie sich ergeben haben. Sonntäglich stört er die Friedhofsruhe der Scheinlebenden. Es braucht Kraft, nirgendwo willkommen zu sein.

75.

Im Laufe mühsamer Begegnungen und schwermütiger Gespräche wird dem Fremdkehrer zunehmend bewusst, wie selbstartig seine Wahrnehmung geworden ist. Er muss sie überwinden, will er aus den Abweichungen, die sich während seiner Abwesenheit entwickelt haben, Erneuerung schöpfen. Er ist in eine Ausstellung seiner Vergangenheit hineingeraten, die andere kuratiert haben. Was einst geschah, ist nun begänglich.

74.

Im Laufe seiner Fremdkehr wird er immer wieder gefragt, ob er erneut fliehen würde. Ob er mit der Entscheidung seiner Eltern nachträglich einverstanden sei. Voll und ganz, antwortet er. *Wenn ich mir das so überlege*, verkündet eine angeheiratete Verwandte, *solltest du ihnen ein Denkmal errichten an jeder Kreuzung deines Lebens.* Zum ersten Mal sieht er seine Eltern in diesem Licht, als Helden der Flucht.

73.

Andere wiederum behaupten, er habe leicht *reden*, seine Eltern hätten leicht *reden*, alle Geflohenen hätten leicht *reden*, sie hätten es nicht erlebt, die wiederkehrenden Zwänge, die fortdauernde Camouflage, die unbedingte Notwendigkeit täglicher Kompromisse. *Ihr seid ja abgehauen, ihr wart ja nicht da, ihr habt euch aus dem Staub gemacht, ihr habt keine Ahnung.* Sie vermuten hinter jeder Verblüffung des Fremdkehrers eine Verurteilung. Sie gestehen dem Langzeitabwesenden keinen Moment des Unverständnisses zu.

72.

Weil er sich die Herkunft zum Teufel wünscht, gilt er als Teufelsanbeter.

71.

Und Moses rief seinem Volke zu: *Vergesst nicht, dass ihr früher Sklaven wart!* Das Wissen der Geflüchteten um die eigene Errettung reicht nicht aus. Sie können die Welt nicht allein aus der Sicht der gewährten Sicherheit, des erworbenen Wohlstands betrachten. Sie sind zu dem geworden, was sie sind, durch das, was zurückliegt, aber nicht zurückgelassen werden darf. Amnesie ist der Totengräber der Zukunft.

70.

Er begreift, dass sein Leben dem Auf-Bruch verpflichtet ist. Als Prinzip. Bereit zu einer weiteren Drehung, zu einer nächsten Pirouette. Er will, aus Überzeugung und Erfahrung, zu jenen gehören, die sich ihre Reise weder vom Start noch vom Ziel fremdbestimmen lassen.

69.

Die Identität wird einem bei der Geburt gegeben, aber sie wird von demjenigen bestimmt, der sie trägt. Sie ist kein Erbe. Ich bin der Vielschichtige …

68.

Deklinierte Verwirrung: Migrant, Immigrant, Emigrant. Wissenschaftlich variiert: multikulturell, interkulturell, transkulturell. Die geläufigen Klassifizierungen können sich seiner nicht bemächtigen. Er verfängt sich nicht in begrifflichen Netzen, die andere auswerfen. Mit jeder weiteren Zuschreibung weicht seine Irritation einem wachsenden Stolz.

67.

Dramolett

Der Geflüchtete, in die Jahre gekommen
Ein Interviewer, bei einem frühen Gehversuch

INTERVIEWER: Sie haben zu Protokoll gegeben, Sie seien kompliziert?

GEFLÜCHTETER: Aus Ihrer Sicht, nur aus Ihrer Sicht.

INTERVIEWER: Halten Sie sich etwa für einfach gestrickt?

GEFLÜCHTETER: Für normal.

INTERVIEWER: Diese Gier nach Fremde, die ist doch nicht normal?

GEFLÜCHTETER: Sie ergibt sich aus jedem Schwalbenzug.

INTERVIEWER: Menschen sind keine Vögel.
GEFLÜCHTETER: Blicken Sie nie zum Himmel hinauf?
INTERVIEWER: Sie möchten ein Zugvogel sein?
GEFLÜCHTETER: Oder eine Gazelle oder ein Brunnen oder ein Schrein für die Suchenden.
INTERVIEWER: Alles und nichts?
GEFLÜCHTETER: Das Nichts muss erst noch gefunden werden, das Alles übersteigt meine Vorstellungen. Ich gebe gern zu, an manchen Tagen bin ich *verliebt in das Grün des fernsten Grases.*

66.

Geh, doch ungeschmückt,
wie's dem Buch des
Verwiesenen ziemet,
schäm auch der Flecken dich
nicht. Wer diese sieht, der
wird schon spüren,
sie stammen
von meinen Tränen.

Geh und begrüße, mein Buch,
statt meiner die mir teuren Orte;
betrete sie wenigstens
der Fuß meiner Worte.
Wenn noch einer im Volk
sich meiner erinnert,
wenn dort einer vielleicht, wie
es mir gehe dich fragt,
sag, ich lebe, jedoch, dass es
wohl mir gehe, verneine.

65.

Der verbannte Dichter leidet. Er ist in die fernste Leere vertrieben worden, wo der Frost so heftig ist, dass die Tränen auf seinem Gesicht gefrieren. Der Dichter beklagt sein unbegreifliches Schicksal, er geißelt sich selbst. Er verliere seine poetische Kraft; sein Spätwerk tauge wenig. Im Exil komme ihm die Muttersprache abhanden. Der Dichter klagt, jammert, seine Worte heben und senken sich in ohnmächtiger Rage. Der Leser staunt, wie wortreich virtuos der Verbannte sein eigenes Verstummen besingt.

64.

Doch wenn wahres Exil der Zustand endgültigen Verlusts ist, wieso ist es so mühelos in ein starkes, vielfältiges Motiv der modernen Kultur verwandelt worden?

63.

All die heiligen Narren, die blinden Seher, die falschen Propheten.

62.

Der Exilant folgt immerzu denselben Wolken, ohne zu wissen, wo sie sich abregnen werden. Er liefert sich selbst in eine Irrenanstalt ein, um dem Wahnsinn der Welt die Stirn zu bieten. Er hat so viel verloren, er bewohnt bevorzugt enge Zimmer, die er mit Absichten vollstopft.

61.

Im besten Fall ist Exil eine Kenntnis der Welt bei gleichzeitiger Entfremdung von ihr, eine Möglichkeit, unversöhnliche Gegensätze wie Heimat und

Aufbruch zu einer vorübergehenden Synthese zu vereinen.

60.

Im schlimmsten Fall ist das Exil eine Sammlung von Anekdoten heiliger Alkoholiker.

59.

Vermessen hingegen ist es zu behaupten, alle Menschen wären inzwischen Exilanten, die Heimatlosigkeit Grundzustand in einer sich rasant verändernden, globalisierten Welt. Berlin wäre für den Bad Cannstatter Exil und der russische IT-Ingenieur in der englischen Fachsprache nicht zu Hause. Nein, wir wollen die Kirche im Dorf lassen, wo die sonntägliche Kollekte für die Flüchtlinge im nahe gelegenen Auffanglager gesammelt wird. So gleich sind wir noch nicht, dass die einen nicht spenden und die anderen nicht empfangen müssten.

58.

In der doppelten Buchführung des Geflüchteten verwandelt sich Verlust durch Befreiung in Gewinn. So wie sich der Reisende nicht nur erleichtert, sondern auch bereichert, wenn er sein schweres Gepäck abwirft. Nicht allen gefällt die Unbeschwertheit. Manche betrauern ein Leben lang ihren Verlust.

57.

Der Exilant könnte singen: *Ein Lämplein verlosch in meinem Zelt! / Heil sei dem Freudenlicht der Welt!*

56.

Er bemüht sich, die Sprache zu verändern. Jene Begriffe nachzubessern, die schlecht sitzen, wenn sie ihm übergestülpt werden. Doch *alte Hunde lassen sich schwer bändigen.* Es erweist sich als schwierig, fast unmöglich. Immerhin, er hat sein Bestes gegeben.

55.

Seine persönliche Anpassung wandelt Hand in Fuß mit der Anpassung der Neusprache. Dieser Sprache soll eines Tages anzumerken sein, formuliert er eingedenk all jener »Entwurzelten«, »Fremdstämmigen«, »Verlorenen«, die sich vor ihm in der vermeintlichen Ortlosigkeit ihrer Existenz verirrt haben, dass solche wie wir hier angekommen sind. Die Sprache soll Spuren unserer Anwesenheit aufweisen.

54.

Sein Schneider heißt Elias und stammt aus Alexandria. Jedes Mal, wenn er ihn aufsucht, um den Bund zu weiten, erzählt Elias ihm ein und dieselbe Geschichte. Ein feiner Herr auf Besuch in dieser Metropole habe einen Maßanzug bestellt, doch da der Lehrling die Angaben falsch abgeschrieben habe, sitze der Anzug bei der Anprobe nicht richtig, eigentlich ein Problem, das sich leicht korrigieren ließe, müsste der Herr nicht am selben Abend noch in die Oper gehen (sein anderer Anzug sei in der Reinigung). Das kriegen wir hin, habe der Schneider zuversichtlich erklärt und dem Kunden gezeigt, wie er den einen Arm leicht zu strecken und das eine Bein leicht einzuziehen habe, damit der Anzug halbwegs anständig passe. Vorgeführt, nachgemacht. In der Pause nach dem zweiten Akt im Foyer des Opernhauses schleppt sich der Herr an zwei vornehm gekleideten Gleichaltrigen vorbei. Ach, was ist dieser Mensch gestraft mit so einem schrecklichen Gebrechen, sagt der eine. Aber schau mal, erwidert der andere, was für einen famosen Schneider er hat.

53.

Dramolett
Politiker, abgeklärt
Schriftsteller, müde
Zuhörerin, forsch

POLITIKER: Ich bin ein anatolischer Schwabe.

ZUHÖRERIN: Sagen Sie mal, wie fühlen Sie sich denn, eher als Türke oder eher als Deutscher?

POLITIKER: Weder noch.

SCHRIFTSTELLER: Ich komme aus dem andalusischen Schwarzwald.

ZUHÖRERIN: Sagen Sie mal, wie fühlen Sie sich nun, eher als Spanier oder eher als Deutscher?

SCHRIFTSTELLER: Beides zugleich.
ZUHÖRERIN: Könnten Sie das etwas präziser fassen?
SCHRIFTSTELLER: Gewiss doch: Heterodoxie ist die Überwindung der Heteronomie.
ZUHÖRERIN *(schreit)*: Können Sie uns nicht klipp und klar sagen, was Sie sind?

52.

Jetzt wollen wir doch mal Klartext reden! Seine einzige Heimat sind die Augen der Frau, die er liebt. Er ist daheim in der Umarmung von Familie und Freunden, er fühlt sich gelegentlich aufgehoben zwischen Buchdeckeln oder im Klang eines Saxophons, er fühlt sich getröstet von den aufsteigenden Dur-Terzen der *Kindertotenlieder*. Vielleicht dehnt sich sein Zuhause noch ein wenig aus, in die Gasse vor der Haustür, zum Alimentari nebenan, zum französischen Café an der Ecke, zum Tante-Emma-Laden gegenüber. Unter Umständen findet er vorübergehend Obdach beim Meditieren oder im Laufen. Oder in der Gesellschaft von Gleichgesinnten. Alles andere ist fruchtbare Befremdung.

51.

Kann eine persönliche, intime Heimat überfremdet werden?

50.

Der Versuch, eine allgemeingültige Heimat zu bestimmen, ist die Fortsetzung von Gewalt.

49.

Kann man einen Patrioten, der seine Heimat nicht auf behender Zunge führt, ernst nehmen? Die Mindestanforderung an einen kulturellen Chauvinismus müsste die Beherrschung der eigenen Sprache sein. Alles andere ist Hohngelächter. (Wortreichung: *doch läszt der heuchler bald sein hohngelächter schallen, wenn sein altar versinkt, und seine götzen fallen*).

48.

Fremdheit fängt schon mit der Geburt an. Der Vater, ein erster Fremder. Die Auseinandersetzung mit ihm lässt ihn früh erwachsen werden. Die Haltungen, die Reaktionen, die Vorlieben seiner Mitmenschen: allesamt befremdlich. Die Realität: ein Buch mit schwer verständlichen Chiffren, das er weder zu Ende lesen noch weglegen kann.

47.

Wer nirgendwo dazugehört, kann überall heimisch werden.

46.

But if you believe you are a citizen of the world, you are a citizen of nowhere.

45.

No-where = U-topos. Ergo ist er prädestiniert zum Bewohnen einer Utopie. Das ist ihm in die staatenlose Wiege gelegt worden. Das hat sich während seiner Jugend im Niemandsland verstärkt. Das wurde bestätigt, als er ins Dazwischen ausbüchste; erst recht bei seiner ersten Fremdkehr.

44.

Eingewurzelt ins Utopische. Endlich daheim.

43.

Sprachkunde für Fortgeschrittene:
Das Gegenteil von Langeweile ist Fremdeweile.
Das Gegenteil von Vielfalt ist Einfalt.

42.

Im Vertrauten herrscht Abstumpfung, in der Fremde werden die Sinne geschärft. Wer von Fremde umgeben ist, wacht über jede Begegnung, reißt die Augen weit auf, taumelt auf einem Drahtseil, schwingt auf einer Hängebrücke über den tiefsten Schlund seiner Wahrnehmung.

41.

Entfremdung ist ein Daseinszustand, aber auch eine Technik, Distanz eine wohlbedachte Positionierung. Das Glück, sich häuten zu dürfen. Aufzuwachen und kein Tagesprogramm zu erhalten. Nicht zu wissen, wo man sich befindet. Hinauszugehen ohne Ziel und Karte. Jeden nach dem Weg zu fragen, bis in jede Himmelsrichtung gedeutet worden ist. Zufällige Passanten zu bitten, zu beschreiben, was sie sehen. Sich anzufreunden mit der Vorstellung, alle Flüge und Züge und Busse fielen aus und man sei zum Verbleib an diesem unwirtlichen Ort gezwungen. Kindern bei einem Spiel zuzusehen, dessen Regeln man nicht kennt. Entfremdung ist eine Übung in Demut, die das Selbstbewusstsein stärkt.

40.

Entfremdung kann man trainieren, lernen. An einem kalten Tag zwingt er Studenten, auf eigenen Beinen die Großstadt zu durchstreifen. Ohne GPS, ohne Smartphone, ohne Kamera, ohne irgendein Sicherheitsseil. Manche von ihnen sind so verunsichert, sie leiden ob der Vertreibung aus ihrem gewohnten Koordinatensystem unter Schweißausbrüchen. Sie gewöhnen sich Schritt um Schritt an die vermeintliche Blindheit. Und entdecken eine neue Sicht. Bei Einbruch der Dunkelheit wollen sie auch die Nacht durchwandern.

39.

Den Erfolgreichen sind die Verletzungen nicht anzusehen. Das Mühelose ist eine gewichtige Täuschung. Es liegt nahe, sein aufrechtes Auftreten falsch zu verstehen. Im Laufe eines langen Fußmarsches bekommen alle irgendwann einmal Blasen, der Unterschied besteht allein darin, wie der Einzelne damit umgeht. Über die Blasen selbst ist dadurch noch nichts gesagt.

38.

Wenn er von seinen Wunden erzählt, erntet er Verwunderung.

37.

Die Vielfalt der Sprachen ist an sich schon Poesie. So wie die Vielfalt des Glaubens an sich schon göttlich ist (vielleicht ist diese Vielfalt der einzig mögliche Gottesbeweis). Wenn die eigenen Ahnen verstummt sind, bleibt die Wahl der spirituellen Vorfahren einem selbst überlassen. Auf den Fresken des Palo-Monte-Kults prangen Lehrer wie Buddha und Propheten wie Mohammed neben schwarzen Jungfrauen und afrikanischen Schutzgeistern. Jeder, der erwählt wird, kann angerufen werden. Freie Götterwahl.

36.

Seine Mutter, sein Vater, machen sich Sorgen über ihr fehlerhaftes Deutsch. Es mag hier und da grammatikalisch nicht korrekt sein, sagt er, aber alles, was ihr sagt, ist verständlich. Welcher von den Einheimischen, mit denen ihr regelmäßig verkehrt, beherrscht eine andere Sprache so gut wie ihr seine? Sollte man sich mit den Herausforderungen, die man anderen abverlangt, nicht erst einmal selber vertraut machen? Aber was ist mit unserem Akzent?, fragt die Mutter, der Vater.

35.

Der Akzent ist die Handschrift der Zunge. Stellt euch vor, wir redeten alle wie Nachrichtensprecher. Wie Überbringer schlechter Botschaften. Der Akzent sorgt für die Schönheitsmale auf der Sprachhaut.

34.

Josef, der nach Prag Fremdkehrende, erfährt sexuelle Beglückung, weil er zum ersten Mal seit Jahrzehnten deftig-schmutzige Wörter in seiner Muttersprache hört. Was für eine begrenzte Libido. In dem Film *A Fish Called Wanda* sind es die fremden Sprachen, die unverständlichen Laute, die erregend klingen, ein wenig Italienisch, ein wenig Russisch, als Vorspiel.

33.

Er fühlt sich wohl in der Unverständlichkeit. Auf Reisen beglückt ihn ein Bus voll fremder Laute. Zu Hause nutzt er das Internetradio, um sich dem auszusetzen, was er nicht begreifen kann. Eine gemalte japanische Speisekarte gemahnt ihn, die Rätsel zu sehen, bevor er das Land verbrennt mit dem Abdruck seiner Füße.

32.

Farbe entsteht aus Farbe,
hinter jeder Farbe einzig Licht.
Welche Farbe hat das Leben?
Wenn du's weißt, dann sprich!

31.

Dramolett

Ein australischer Autor, berühmt

Ein Neugieriger, unbekannt

AUTOR: Ich mache mir Sorgen um die englische Sprache.

NEUGIERIGER: Wieso denn?

AUTOR: Die halbe Welt schreibt inzwischen auf Englisch. Lauter Menschen, deren zweite oder dritte Sprache das Englische ist.

NEUGIERIGER: Na und?

AUTOR: Alle schreiben auf Englisch, aber keiner kann es richtig. Derweil verschwinden die beredten Sprachen.

30.

Die Gefahr ist nicht, dass wir überfremdet werden, sondern dass uns die Fremde ausgeht.

29.

Im Treppenhaus eines jener *Chawls*, in denen die meisten Bewohner Bombays auf engstem Raum zusammenleben, umarmt ihn ein Fremder mit einem Lächeln. *Where are you from?* Aus Deutschland! Die einfachste unter allen ungenauen Antworten. *Ich spreche Deutsch, ich habe ein wenig gelernt.* Wieso das denn?, fragt er erstaunt. *Weil ich die Sprache liebe, es ist eine so schöne Sprache.* Er nimmt das Kompliment stellvertretend und stolz an. Deutsch ist schön. Noch schöner erscheint es ihm in einem indischen Mietshaus.

28.

An Stelle von Heimat
halte ich die Verwandlungen der Welt –

27.

In einem einfachen Mietshaus, unweit der Bordelle der Stadt, lebte ein übergewichtiger Herr, inmitten von Büchern, die alle Wände bedeckten und jede Nische der Welt ausleuchteten. Er las und las, gelegentlich bekämpfte er sein Asthma mit einer Zigarre. Am Tag erklangen draußen vor seiner Tür die Stimmen von Soldaten und Spielern; im Traum erschienen ihm Göttinnen, halb verholzt, halb jungfräulich, sowie irre Gnome, die jeglichen Nippes zerschlugen. Dieser Herr lebte mutterheimisch im Centro Habana, er schrieb an gegen die *krokodilschläfrigen Breitengrade.* Er bediente sich jeder Tradition, die ihm zusagte, sei sie chinesisch oder indisch, er träumte sich jedes Land herbei, das ihn faszinierte, sei es Georgien oder Japan oder Erehwon. Seine Weltläufigkeit kannte keine Grenzen: Eine seiner Figuren trägt das Gesicht eines peruanischen Seidenäffchens, eine andere beschwört Gott mit den Gesten eines Popen aus der Zeit Iwans des Schrecklichen.

26.

Ein Toter muss ihm den rechten Weg gewiesen haben, denn die Lebenden hatten ihn alle in die Irre geführt. Wann immer er sie fragte, wie er die Stadt der Toten wieder verlassen könnte, deuteten sie in Richtung eines Grabmals. Allein die Ruhestätten der Heiligen dienten ihnen zur Orientierung. Als es nachtete, blieb er zwischen kleinen Grabmälern stehen, um einem Gesang zu lauschen, der die Toten ehrte, indem er das Leben begehrte. Er war ohne Sorge. Sich zu verlaufen erschien ihm natürlich, in der Stadt der Toten. Und da keiner den rechten Weg kannte, fühlte er sich nicht verloren. Vielleicht wäre er nie aus der Stadt der Toten herausgekommen, hätte er nicht vor einer Bäckerei innegehalten. Fladenbrote wurden in einen kleinen Kastenwagen geladen. Er nahm die Einladung an, stieg ein, lehnte sich zurück, schloss die Augen, roch das frische Brot. Als er die Augen wieder öffnete, befand er sich auf einer Hauptstraße, zu beiden Seiten Geschäfte statt Gräber.

25.

Bei dem übergewichtigen Herrn aus der Calle Trocadero in Centro Habana stand das Universelle nie im Widerspruch zum eigenen Innenhof. Vor lauter Büchern sah er die ganze Welt. *Confluencias* lautet der Titel seiner Ausschweifungen. Zusammenflüsse!

24.

Conditio humana: Einsam unter fremden Freunden versucht er das Unsagbare auszudrücken.

23.

Das Dao, das benannt werden kann, kann das Dao nicht sein.

22.

Dramolett

GASTGEBER, ein Connaisseur

GAST, ein Asket

Ein berühmter Musiker spielt auf. Einzig der Gast zeigt keine Wertschätzung.

GASTGEBER: Hochverehrter Gast, hat Ihnen die Vorführung nicht gefallen?
GAST: Nicht besonders.
GASTGEBER: Können Sie es denn etwa besser?
GAST: Was ist schon dabei!
Der GASTGEBER reicht dem GAST das Lauteninstrument. Dieser schlägt eine Saite an, wiederholt, einen einzigen Ton.
GASTGEBER: Aber, mein Lieber, Sie können ja gar nicht spielen.
GAST: Von wegen. Der andere da, der ist noch auf der Suche nach dem richtigen Ton, ich habe ihn längst gefunden.

21.

Die Quelle jedes großen Flusses ist ein Zusammenfluss.

20.

In der Nähe einer Großstadt mitten im Regenwald fließen der Rio Negro und der Rio Solimões zusammen. So behauptet die Landkarte. In Wirklichkeit weigern sich die Gewässer, miteinander zu verschmelzen. Zwei unterschiedliche Flüsse prallen aufeinander. Eine scharf gezogene Grenze trennt beide. Der pH-Wert des Rio Negro beträgt 4,5, jener des Rio Solimões 7,6; die Temperatur des Rio Negro misst 28 Grad Celsius, jene des Rio Solimões 22 Grad Celsius; der Rio Negro führt jede Menge Sand mit sich, der Rio Solimões jede Menge Schlamm und Lehm; der Rio Negro fließt mit einer Durchschnittsgeschwindigkeit von 1,5 Stundenkilometer dahin, der Solimões ist mit 4 Stundenkilometer um ein Vielfaches schneller unterwegs. Es scheint, als könnte nichts die beiden vereinen; *und niemals soll'n die zwei sich finden*. Doch keine zwanzig Kilometer später ist jeglicher sichtbare Hinweis auf die einstmalige Eigenständigkeit getilgt. Die Gewässer sind eins geworden, ein neuer Fluss ist entstanden, mit eigenem pH-Wert, mit spezifischer Temperatur und Geschwindigkeit, der sowohl Schlamm als auch Sand mit sich führt. Von nun an heißt er Amazonas.

19.

Grenzübertritt: Weil er sich der Grenzen bewusst ist, kann er sie eher überwinden.

18.

Wer in Bewegung ist, kann besser mit Paradoxien umgehen.

17.

Vorschlag zur gütlichen Einigung zwischen einem Nationalisten und einem Kosmopoliten: Heimat ist der eigene Geruch.

16.

Alter Grenzstein, altes Recht. Neuer Grenzstein, neues Recht. Ergo ist Ausgrenzung eine Entrechtung. Das gelebte Heimatgefühl hingegen, so komplex und vielfältig wie jeder einzelne Mensch, von bemerkenswerter Wandlungsfähigkeit, grenzt andere Menschen niemals aus.

15.

Home is where the heart is, sagen die Engländer, aber was meinen sie damit? Dass der Geflüchtete schon nach kurzer Zeit seiner neuen Umgebung emotional treu ist? Oder dass manch ein Italienliebhaber jene kitzelnde Erregung der Heimkehr verspürt, wenn er sich seinem Ferienhaus im Piemont nähert? Je genauer man diese Sentenz betrachtet, desto unklarer wird ihre Bedeutung. Soll zum Ausdruck gebracht werden, dass man seine Heimat beliebig verändern kann, solange das eigene Herz noch schlägt? Bekanntlich schlägt es mal in die eine, mal in die andere Richtung.

14.

Nationalisten missachten den intimen Kern von Heimat. Sie setzen der persönlichen Weltbeziehung die Narrenkappe einer konstruierten Uniformierung auf. Sie suggerieren dem Einzelnen eine abstrakte Identität, die ihn zwar nicht durch den Alltag bringt, aber in den Krieg ziehen lässt. Die den Vorteil hat, leicht austauschbar zu sein. Vorvorvorgestern Preußen, vorvorgestern das Deutsche Reich, vorgestern die BRD/DDR, gestern Deutschland, heute Europa, morgen wieder Deutschland. Und danach?

13.

Es leben die meisten in der Vielsprachigkeit, selbst wenn sie einsprachig agieren. Erträumte Universalien von einst gehören zum globalen Wortschatz. Verheißung dem einen, Bedrohung dem anderen.

12.

Die Menschheit kann nur kosmopolitisch überleben. Je ausgelaugter der Planet wird, desto stärker werden die Kräfte der Abgrenzung und Ausgrenzung den exterminatorischen Kampf um die verbliebenen Ressourcen anheizen. Alle zentralen Probleme können nur weltgemeinschaftlich gelöst werden. Der Nationalist im 21. Jahrhundert ist ein Apokalyptiker.

11.

In der weltweiten Begegnung der Kulturen, die wir als Chaos erleben, scheinen uns die Anhaltspunkte verlorengegangen zu sein. Wo wir auch hinschauen, nur Katastrophen und Agonie. Wir verzweifeln angesichts dieser Chaos-Welt. Aber der Grund dafür ist, dass wir immer noch versuchen, sie an einer souveränen Ordnung zu messen, die ein weiteres Mal danach strebt, das Welt-Ganze zu einer beschränkten Einheit zu führen. Das Chaos ist schön, wenn man alle seine Bestandteile als gleich notwendig erachtet.

10.

Der Kosmopolit gehört seiner Bezeichnung nach der größtmöglichen *polis* an, dem Universum. Aber als Bürger gehört er zugleich einer bestimmten Burg an, verteidigte sie einst, bewohnte sie dann, lebte in ihrem Schatten in einer wachsenden Stadt. Im »kosmopolitischen Bürger« finden das Globale und das Lokale als zwei Seiten einer Medaille zusammen. Der Kosmopolit beherrscht das bifokale Sehen.

9.

Wer bin ich?
Das ist die Frage, die andere stellen.
Ich bin meine Sprache.
Und die ist viele.

8.

Der Fundus an kulturellen Universalien wächst, ohne dass wir zwangsweise alle gleich werden. Die freie *All-Welt-Kulturschaft* funktioniert besser als die freie Weltwirtschaft. Protektionismus in der Kultur hat stets zu einer Zerstörung der Kultur geführt. Wer das Eigene in einer Nische zu konservieren versucht, verkleinert es, banalisiert es. Kulturkonservatismus ist weltfremd, begreift nicht die Dynamik von Verschmelzung und Vermischung, die seit je zu kultureller Neuerung geführt haben. Traditionen müssen frei gewählt oder neu erfunden werden können.

7.

Das Prinzip des Mitgefühls liegt allen Religionen, ethischen und spirituellen Traditionen zugrunde und ruft uns auf, alle anderen stets so zu behandeln, wie wir selbst behandelt zu werden wünschen.

6.

Ziel von Empathie ist nicht, den Anderen auf Teufel komm raus verstehen zu müssen. Dies bedeutete, ihm durch das Prisma der eigenen Wahrnehmung eine falsche Transparenz aufzudrücken, ihn auf eine Positionsangabe im eigenen Koordinationssystem zu reduzieren. Es beinhaltet aber sehr wohl, kulturelle Differenzen nicht zu verabsolutieren, sondern in ihnen ein wandelbares Potential zu erkennen.

5.

Heimat ist die widersprüchlichste Landschaft der Literatur.

4.

Es lebe die kulturelle Bewegungsfreiheit.

3.

And the migrants kept coming.

2.

Heimat existiert nur als Plural, wird sprachlich aber meist im Singular verwendet.

1.

Erst wenn er sich von den Zuschreibungen der Herkunft und den Zumutungen der Ankunft losgelöst hat, ist der Geflüchtete wirklich frei.

Nachtrag

Wer sein Heimatland liebt, ist ein zarter Anfänger;
wem jeder Fleck so viel bedeutet wie der
heimische, ist stark;
vollkommen ist aber jener, dem die ganze Welt
ein fremdes Land ist.

Hugo von St. Viktor

Zitatnachweise

Erster Teil

IV.

der edelste, ursprünglichste aller laute, aus brust und kehle voll erschallend, den das kind zuerst und am leichtesten hervor bringen lernt.
Grimm'sches Wörterbuch

XI.

die verlassene haut immer / die verwaiste haut danach & nicht zu übersetzen / die adoptierte tätowierung & / die sich auflösende grammatik der sinne.
José F. A. Oliver, 21 Gedichte aus Istanbul, 4 Briefe & 10 Fotow:orte

XXVI.

In dieser Fremde sterbe ich, und du merkst es nicht …
Abbas Maroufi, Fereydun hatte drei Söhne

XXXIII.

Dramolett

Paraphrase eines Gedichts von Mahmud Darwisch

XL.

Wovon hast du geträumt, als du deine Heimat verließest …?

Massimo Carlotto, Der Flüchtling

XLIII.

Du musst verstehen, ich bin unsichtbar, einfach weil die Menschen sich weigern, mich zu sehen.

Ralph Ellison, Der unsichtbare Mann

XLVI.

Einmal die Heimat verloren – für immer die Heimat verloren.

Peter Handke, Vor der Baumschattenwand nachts

LVIII.

Über eine Rückkehr nachzudenken ist sinnlos, weil es keinen Ort gibt, an den wir zurückkehren könnten.

Paula, Flüchtling aus dem Kongo, in: Warren St. John, Outcasts United

LXIV.

Ich bin entweder ein Niemand oder eine Nation.

Derek Walcott, The Schooner Flight

LXXI.

Dramolett

Aus einem Artikel von Pankaj Mishra in »London Review of Books«

LXXVII.

Aber das Herz ist manchmal ein Totem und manchmal ein Paragraph, und wer hat es gern, Unsicherheit aufzunehmen. In Zeiten, in denen ein Bürgerrecht auf Sicherheit eingeklagt wird. Auf totale Sicherheit.

Ilija Trojanow, Die Welt ist groß und Rettung lauert überall

LXXXI.

Wo man singt, da lass dich ruhig nieder, böse Menschen haben keine Lieder.

Geflügeltes Wort (gibt es auch bei Vogelscheuchen) in Abwandlung einer Zeile von Johann Gottfried Seumes Volkslied »Die Gesänge«

XCVI.

Sie kann ihr eigenes Nest nicht verrücken ... Sie hat sich von einem Vogel in einen Baum verwandelt, ihre Federn werden weiß und schrumpfen. Aber als Baum singt sie weiterhin die Lieder der Vögel.

Liao Yiwu, in: Liu Xia, Empty Chairs

XCVII.

Nostalghia.
Film von Andrei Tarkowski, 1983

XCVIII.

Unsere Heimat ist da, wo wir gern gesehen sind, wo wir Arbeit und Brot finden.
Ein alter Schuster, in: Ré Soupault, Katakomben der Seele

Zweiter Teil

86.

Diskussion mit Olaf Scholz, Erster Bürgermeister von Hamburg, im Thalia-Theater

71.

Vergesst nicht, dass ihr früher Sklaven wart!
Aus der Thora

69.

Die Identität wird einem bei der Geburt gegeben, aber sie wird von demjenigen bestimmt, der sie trägt. Sie ist kein Erbe. Ich bin der Vielschichtige …
Mahmud Darwisch, Kontrapunkt

67.

… verliebt in das Grün des fernsten Grases.
Gedichtzeile von Lal Ded, Kaschmiri-Dichterin aus dem 14. Jahrhundert, übersetzt vom Autor

66.

Geh, doch ungeschmückt,
wie's dem Buch des
Verwiesenen ziemet,
schäm auch der Flecken dich
nicht. Wer diese sieht, der
wird schon spüren,
sie stammen
von meinen Tränen.
Geh und begrüße, mein Buch,
statt meiner die mir teuren Orte;
betrete sie wenigstens
der Fuß meiner Worte.
Wenn noch einer im Volk
sich meiner erinnert,
wenn dort einer vielleicht, wie
es mir gehe dich fragt,
sag, ich lebe, jedoch, dass es
wohl mir gehe, verneine.
Publius Ovidius Naso, aus: Tristia

64.

Doch wenn wahres Exil der Zustand endgültigen Verlusts ist, wieso ist es so mühelos in ein starkes, vielfältiges Motiv der modernen Kultur verwandelt worden?
Edward Said

57.

Ein Lämplein verlosch in meinem Zelt! / Heil sei dem Freudenlicht der Welt!
Friedrich Rückert, aus: Kindertotengedichte

56.

Alte Hunde lassen sich schwer bändigen.
Martin Luther

49.

doch läszt der heuchler bald sein hohngelächter schallen, wenn sein altar versinkt, und seine götzen fallen.
Hagedorn 1, 55 aus dem Grimm'schen Wörterbuch (mit einer Korrektur im Geiste Martin Luthers)

46.

But if you believe you are a citizen of the world, you are a citizen of nowhere.
Theresa May, in einer Grundsatzrede vom Oktober 2016

32.

Farbe entsteht aus Farbe,
hinter jeder Farbe einzig Licht.
Welche Farbe hat das Leben?
Wenn Du's weißt, dann sprich!
Aus einem Gedicht von Kabir, nordindischer Dichter aus dem 15. Jahrhundert, übersetzt vom Autor

28.

An Stelle von Heimat
halte ich die Verwandlungen der Welt –
Nelly Sachs in: Joachim Sartorius, Niemals eine Atempause

27.

krokodilschläfrigen Breitengraden
José Lezama Lima, Paradiso

20.

und niemals soll'n die zwei sich finden.
Rudyard Kipling

16.

Alter Grenzstein, altes Recht. Neuer Grenzstein, neues Recht.
Böhmisches Sprichwort

11.

In der weltweiten Begegnung der Kulturen, die wir als Chaos erleben, scheinen uns die Anhaltspunkte verlorengegangen zu sein. Wo wir auch hinschauen, nur Katastrophen und Agonie. Wir verzweifeln angesichts dieser Chaos-Welt. Aber der Grund dafür ist, dass wir immer noch versuchen, sie an einer souveränen Ordnung zu messen, die ein weiteres Mal danach strebte, das Welt-Ganze zu einer beschränkten Einheit zu führen. Das Chaos ist schön, wenn man alle seine Bestandteile als gleich notwendig erachtet.
Edouard Glissant, Kultur und Identität – Ansätze zu einer Poetik der Vielheit

9.

Wer bin ich?
Das ist die Frage, die andere stellen.
Ich bin meine Sprache.
Mahmud Darwisch

8.

All-Welt-Kulturschaft
Edouard Glissant

7.

Das Prinzip des Mitgefühls liegt allen Religionen, ethischen und spirituellen Traditionen zugrunde und ruft uns, immer alle anderen so zu behandeln, wie wir selbst behandelt zu werden wünschen.

Die universelle Charta des Mitgefühls

5.

Heimat ist die widersprüchlichste Landschaft der Literatur.

F. M. Esfandiary

3.

And the migrants kept coming.

Jacob Lawrence, 1941